負利率世界

高債務與低增長年代的國家決策難題

王廣宇——著

目錄

%

序言
負利率的未來——巨債、通脹與增長的平衡

009

PART 1
本質與反思

第1章　　**概論** 027

亙古未有之奇觀 028
貨幣利率的決定 036
　　　（一）貨幣價值理論
　　　（二）利率決定理論
　　　（三）利率期限與構成
負利率浪潮：機遇或陷阱 053

第2章　　**反思負利率** 061

傳統貨幣政策：重新剖析 062
　　　（一）貨幣理論：數量、均衡與理性預期
　　　（二）貨幣政策規範：相機抉擇與規則
非傳統貨幣政策：應運而現 071
　　　（一）非傳統政策：流動性寬鬆
　　　（二）極端貨幣政策：突破零下限
「央行崇拜」：冰川解凍 080
　　　（一）負利率政策：水漲陸沉
　　　（二）如何看待負利率的實際效用

第3章　　　**負利率與儲蓄** 087

儲蓄行為及理論 088
（一）貨幣儲藏職能
（二）儲蓄理論與影響因素

儲蓄、投資與過剩 096
（一）儲蓄與經濟發展
（二）實物增長理論與新古典增長理論
（三）全球儲蓄過剩與低增長悖論

負利率與儲蓄決策 105
（一）行為金融學的解釋
（二）非對稱儲蓄行為
（三）負利率年代還要存款嗎

第4章　　　**負利率與增長** 113

金融約束的挑戰 114
（一）金融與經濟增長
（二）金融壓抑、深化與約束
（三）間接融資與直接融資

負利率的經濟中性 119
（一）短期刺激經濟總量
（二）長期抑制經濟品質
（三）效應與國情相關：總體中性

負利率在各國的實效 128
（一）歐元區：增長緩慢
（二）瑞典：成效未顯
（三）丹麥：回升有力
（四）日本：低位穩定
（五）美國：擴張強勁

PART 2
影響與透視

第5章　　　　　**負利率與消費** 147

消費變化與財富效應 148

　　　（一）負利率改變消費行為

　　　（二）財富效應的兩面性

消費決策與通脹預期 151

　　　（一）貨幣持有也有成本

　　　（二）貶值可否轉化為消費

消費者的雙向選擇 155

　　　（一）成本提升刺激消費

　　　（二）預期悲觀抑制消費

　　　（三）長期消費水準提高是關鍵

第6章　　　　　**負利率與資產價格** 161

影響資產價格 162

　　　（一）刺激股票上揚

　　　（二）加劇房地產價格波動

　　　（三）帶動大宗商品價格上漲

扭曲通脹目標 177

　　　（一）推升價格形成泡沫

　　　（二）低利率伴生低通脹

第7章　　　負利率與投資 183

負利率與金融投資 184

（一）債券市場

（二）商業銀行

（三）股權投資

負利率與社會投資 199

（一）企業投資

（二）公眾投資

投資週期與主題轉向 201

第8章　　　負利率與匯率 207

利率調節與匯率變動 208

（一）匯率理論的演進

（二）利率與匯率「互搏」

（三）貨幣政策的不可能三角

負利率與資本自由流動 216

（一）強勢美元溢出

（二）資本自由流動的挑戰

（三）國家是否應操縱匯率

負利率能否穩匯率 223

（一）丹麥：成功穩定

（二）歐元區：寬鬆維穩

（三）瑞士、日本：試驗失敗

第9章　　　負利率與社會平等 233

負利率加劇社會不公 234

（一）造成存量資產縮水

（二）影響通脹和收入預期

（三）干擾社會財富再分配

負利率撼動社會保障基礎 241

（一）拉低養老金回報

（二）強化壟斷部門利益

負利率擴大貧富差距 249

（一）三大通道擴大差距

（二）貧富懸殊不可持續

（三）負利率時代更需重視公平

PART 3
前景與選擇

第10章　　　**負利率經濟體的未來** 261

「正增長」的三大挑戰 262

（一）經濟整體增速放緩

（二）利率持續低位運行

（三）貨幣升值壓力凸顯

邁出困境需內外施策 264

（一）解決內部結構性矛盾

（二）應對外部不確定性衝擊

第11章　全球負利率時代的新考題 288

質疑貨幣中性 280

制約利率調控效率 282

潛存金融隱患 284

弱化財政政策 288

衝擊新興市場 291

負收益債券風行 292

國際競爭以鄰為壑 296

從「窮途末路」到「另闢蹊徑」 298

後記
銷金時代與貨幣狂潮
300

參考文獻
304

序言

負利率的未來——巨債、通脹與增長的平衡

編按：本篇序言原為作者接受大陸媒體《第一財經日報》的採訪報導引為代序，最初發表於2019年12月，早於原簡體中文版出版日，當時也尚無其後於2020年開始全球大規模流行的「新冠肺炎」等重大影響經濟因素，為使繁體中文版讀者更易於閱讀及理解，本文刪節及修改了部分內容。

2019年以來，中國和美國許多金融領域重要人士發言，引發了市場對「負利率」問題的進一步關注和討論。

2019年10月31日，美國聯準會主席鮑威爾（Jerome Powell）公開表示，目前美國的貨幣政策是寬鬆的，實際上聯邦基金利率「可能略低於零」。

同年11月21日，大陸北京舉辦的「從危機到穩定：應對下一次金融危機」的一場主題論壇上，前「中國人民銀行」（人行）行長周小川表示：「中國還是可以儘量避免快速地進入到負利率時代，如果能夠管理好微觀貨幣政策，可以不用那麼依賴非常規的貨幣政策。」

以全球來看，主要工業化國家都已出現了負利率的趨勢，這是從來沒有遇到過的政策挑戰。利率是貨幣資金的價格。千百年來，「佔用資金、支付利息」已在經濟活動中被視為常識，因此，談到負利率——讓渡了資金的使用權反而減少了本金，相當於借款方被獎賞而出資方被懲罰，似乎違背常理，直覺上顯得荒誕，操作中顯得滑稽。但是近年在國際金融市場中，從零利率到負利率的現象不斷出現，備受爭議的負利率實踐被列入越來越多國家的貨幣政策考慮範圍之中，不由得發人深思。

利率的演變以工商業的發展為背景，利率的高低正負也受到工商業生存條件，特別是整體社會經濟狀況的約束。面對低迷的經濟環境、脆弱的企業和悲觀的消費者，負利率似乎是讓社會商業系統得以持續運轉的「一劑猛藥」。利率的形式也很多，美國聯準會前主席格林斯潘（Alan Greenspan）甚至提出，利率只是一個符號，不存在零下限的約束。

金融市場熱議的「負利率」，主要針對商業銀行存放在央行的超額準備金，有時也會涉及國債負利率和商業銀行基準利率為負等，而後再向下傳導至整個金融市場。在負利率情況下，其影響經濟活動的傳導機制和正

利率環境下的機制是否存在差別？隨著負利率的增加，銀行的利差下降可能導致信貸供給減少，人們可能擔心與穩定經濟增長的初衷相違背。另外，現金零利率隱含的套利機會，是否隨著負利率的增加而變成現實？假使監管機構和銀行設置大規模提現的障礙，由此增加的交易成本，也是對現代經濟運行和金融市場交易的重要不確定因素。這些都表明，負利率這一特殊現象及其未來走向，將決定市場的流動性水準，對金融市場的重要性也不言而喻。

負利率與低增長：能否為經濟注入強心劑

「負利率」經濟已經涉及全球幾十億人口，不再是場小實驗：2009年8月，瑞典中央銀行對銀行存款首次突破「零利率」下限，實施名義負利率，被認為「從此進入」一片未知領域」，2014年，丹麥與瑞士央行先後跟進實施負利率；2016年初，日本央行以5:4的多數票贊成通過了負利率政策，自此「負利率」經濟體已接近全球經濟總量的1/4。部分負利率經濟體貨幣政策概要

表0.1　部分負利率經濟體貨幣政策概要

各央行	目標	負利率標的	首次實施負利率時間	負利率水準	
				首次	當前（2019.7）
丹麥銀行	防止本幣升值	7天存單利率	2012年7月	-0.20%	-0.65%
歐洲央行	2%通脹水準	隔夜存款利率	2014年6月	-0.10%	0.49%
瑞士央行	2%通脹水準防止本幣升值	超過上限的隔夜活期存款利率	2014年12月	-0.25%	-0.75%
瑞典銀行	2%通脹水準	7天回購利率	2015年2月	-0.10%	-0.25%
日本央行	2%通脹水準	部分超額準備金	2016年2月	-0.10%	-0.10%

資料來源：各大央行。

見表0.1。

　　美國聯準會在2016年對大型銀行開展壓力測試時，把國債負利率作為測試情景，這被認為是美國聯準會將負利率視為可行選項的明確訊號；2019年以來，美國聯準會接連三次調低基準利率，引發多國央行跟進，持續降息預示著美國即將迎來負利率時代；2019

年10月，美國聯準會主席鮑威爾表態，目前聯邦基金利率「可能略低於零」。

負利率得以實施的大背景，是全球主要經濟體增長疲軟。美國「次貸危機」和「歐債危機」以後，有關政府發現對短期名義利率、準備金率等傳統貨幣市場工具進行簡單微調，已經難以產生明顯效果，一些非傳統的貨幣政策，如量化寬鬆（QE）和負利率應運而生。從一個角度觀察，如果說政府推動量化寬鬆是把更多的錢發到人們手上（「直升機撒錢」），負利率就是逼迫人們把這些錢花掉。對歐元區和日本等大型經濟體而言，採取負利率將直接刺激信貸，繼而承擔起刺激投資、提高就業的使命；對於瑞典、瑞士、丹麥等對外部環境敏感的較小規模經濟體而言，採取負利率主要是為了穩定本幣匯率，對經濟增長的作用有限。

長期觀察我們可以發現，一國經濟增速與利率之間確實存在趨勢上的對應關係，這反映出經濟增速與投資回報率的內在聯繫。但短期來看，經濟增速趨緩與利率中樞下降未必完全對應。經驗表明，不少經濟體在其潛在經濟增速減緩的過程中，利率中樞都呈現同步下降態勢；但更值得關注的是該對應關係發生的時間段，在不

同經濟體之間存在著顯著差異。同樣，面對短期經濟下修的挑戰，那些「不幸」遭遇成本沖擊而呈現出結構性通脹的經濟體，其利率中樞不但不下降，反而往往出現階段性抬升。

利率與經濟增速的同步性特徵，大概是在「滯脹」矛盾消退之後才出現的。「任何貨幣政策長期來看都是財政政策」，利率作為資金價格發揮的作用畢竟有限，社會和企業只有找到真正的內生動力、不斷革新生產效率和技術，才能在低迷增長中突圍——負利率不過是為這場「突圍戰」爭取到多一點時間和空間。

負利率與巨額債務：「不能抉擇」的時代選擇？

根據IIF（國際金融協會）的統計資料，截至2019年底，全球債務總額將增至255萬億美元，全人類在堅定不移地邁入「巨債」時代。儘管債務事實上由主要國家政府、企業和民眾部門共同承擔，但對全球70億人口而言，人均負債3.25萬美元的數字仍然令人瞠目結舌。過去十年間，全球債務增加了70多萬億美元，IIF認為這主要是由政府和非金融企業推動的。美銀美林

的一份研究報告指出，自雷曼兄弟破產以來，全球債務增加方面，政府增加了30萬億美元，企業借了25萬億美元，家庭借了9萬億美元。

　　對成熟市場而言，債務增長主要來自一般政府債務；對新興市場而言，增長則主要來自非金融企業債務，其中超過一半來自國有企業。

　　美國財政部資料顯示，截至2019年9月末，美國國債總額為22.7萬億美元，為歷史新高，而且這一趨勢沒有收斂的跡象。新興市場債務總額創紀錄達到71.4萬億美元，超過其GDP（中國大陸生產總值）的2倍，累積速度未見放緩。另外，IIF指出，全球債券市場快速發展是債務水準上升的原因之一。截至2019年年中，全球債券規模已升至逾115萬億美元，較十年前增長約32％；其中新興市場債券近28萬億美元，較十年前增長逾64％；當然，最引人注目的是約有16萬億美元的債券資產處於負利率區間。

　　政府債務的根源是稅收，在稅收不可能持續增加的情形下，通過負利率實現債務平衡和規模可控，哪怕是暫時舉措，都不失為一項不算壞的選擇。一般而言，政府的資產是有限的，現在各國財政赤字已經是

常態，財政赤字只能發債，解決財政問題似乎要用負利率這樣的金融工具。美國聯準會主席鮑威爾在國會做證時警告稱，提高預算赤字，更高的債務負擔從長期來看是不可持續的，因為這會抑制決策者在經濟疲軟時支撐經濟活動的意願或能力；更重要的是，高額的、不斷上漲的聯邦債務，久而久之將拖累私人投資，從而降低產出。

在負利率環境下，財政擴張的邏輯不需要高深的理論，當國債利率顯著低於名義經濟增長時，任何政府債務規模都可持續，因為債務/GDP的比例是收斂的。當可以發行零利率乃至負利率長期國債時，為什麼政府不增加赤字，通過減稅和擴支增加經濟增長和就業？當國債利率接近零時，財政的負債和央行的負債（基礎貨幣）又有何區別？確實，在民眾消費和企業投資擴張乏力的情況下，政府擴大債務能夠填補購買力——當然政策的拐點，在於政府的債務擴張能不能有實質性的進展，包括結構上和總量上的調整。

負利率與貨幣中性：通脹預期需要調整？

　　負利率是「低增長＋低通脹」的產物。較長的低通脹及溫和的物價水準，進一步降低了人們的通脹預期，全球貨幣寬鬆又使人們對幣值存疑，從而加大了對保值資產的追逐和競爭。在資產價格上漲階段，通過財富效應，激勵人們擴大消費，最終傳導至一般性商品價格上漲；但資產泡沫一旦破滅，社會財富大量縮水，會造成貸款損失和債務通縮循環，產生的通縮效應往往比單純的一般性商品通縮更為劇烈。資產的泡沫起伏，還具有社會財富再分配的效果，在國際資本自由流動的背景之下，又兼具國別間財富再分配的效果——這都意味著在經濟停滯期，負利率的選擇可能進一步強化低通脹的水準。

　　國際貨幣基金組織在2016年的一份報告中，肯定了負利率在提振需求和支撐物價穩定方面的作用。而更多研究者則持批評態度，認為商業銀行難以把央行的負利率傳遞到儲戶端，加之潛在的擠兌壓力（日本頒佈負利率政策後一個月內，保險箱熱賣甚至斷貨，表明擠兌之憂並非多餘），使商業銀行成為最受衝擊的一

方，可能損害金融系統的穩定。另外，民眾和企業也會因為負利率這種「末路政策」形成悲觀預期，反而可能減少消費，收縮投資，削減就業崗位，與政策制定方的期待背道而馳。

儘管通脹目標一直被多數央行視為首要的貨幣政策目標，但當金融市場動盪時，央行會在利率決議上是否「唯通脹目標」實際已發生重大改變。就實施效果而言，負利率對影響通脹和匯率有一定的作用，但需要較長時間才能體現出來。負利率在瑞典幫助政府實現了對抗通縮和避免匯率大規模升值，在丹麥也實現了防止本幣升值的預定政策目標，歐元區、瑞士、日本採取負利率後，通脹率都有一定幅度的上升。美國通脹率在曲折中上升到2％的目標位置，另一些重要經濟體的通脹率目標的實現則相對緩慢。

發達經濟體的央行致力於實現通脹目標，背後有著深刻的理論基礎和現實需要。在凱恩斯主義貨幣政策框架中，菲力浦斯曲線詮釋了通脹率與失業率的反向關係，認為央行一旦實現其一則自動實現其二。後期貨幣主義與理性預期學派將微觀個體決策機制，特別是預期概念引入宏觀理論，認為央行只盯住通脹目

標而無法控制經濟增長。儘管菲力浦斯曲線在過去半個多世紀時而有效、時而失靈，但經過不斷修正，其仍在央行貨幣政策決策中佔有重要地位。在新凱恩斯主義理論指導下，實踐中全球大多數央行都會將物價穩定作為目標之一。無論是採用通脹單一目標制還是設定通脹目標的國家，都會選擇盯住某個通脹率點目標或區間目標。目前主要發達國家的通脹目標值在2％附近波動，設定一個正值通脹目標主要是為應對零利率下限的約束，而這一選擇在近期則可能面臨重大調整。

發達經濟體的主流貨幣政策框架，長期以來有四個特徵。一是以控制通脹〔CPI（消費者物價指數）上漲率〕為主要目標，政府給央行定了一個明確目標，要把通脹控制在低水準，同時給予央行貨幣政策操作的獨立性。二是貨幣與金融市場聯結，但與財政分開。主流思維強調區分財政與貨幣（包括央行與金融），而不是貨幣（包括央行與財政）與金融。三是從數量型（貨幣信貸總量）調控轉變為價格（利率）型調控。央行調控短期利率，通過市場套利傳導至中長期利率、資產價格、銀行信貸等，進而影響總需求和物價。四是浮動匯率製成為主流，由市場供求決定的匯率可以避免

國際收支持續的失衡。這一框架近年來被反復爭議和辯論，如MMT（現代貨幣理論）就是強調財政和央行同屬政府的特徵，認為在央行印鈔能力的支持下，貨幣主權國家的本幣債務不會違約，在通脹可控的前提下，財政就有擴張的空間。

傳統貨幣理論認為，貨幣的本質是商品或一般等價物，所有國家的貨幣都是信用貨幣。熊彼特總結為，信用是貨幣的創造者。傳統商品貨幣論則認為，貨幣作為通用的支付手段是在市場競爭中形成的，任何貨幣（包括政府發行的本位幣）超發，最終都會在競爭中被淘汰，所以政府也面臨財務約束，政府財政類似私人部門，也有違約的風險。MMT是凱恩斯和明斯基貨幣理論的延伸，其宣導者挑戰了過去主流的政策思維，對貨幣政策目標和財政再平衡都從基本理念層展開辯論，可以說，對利率、匯率等問題在短期內達成共識的難度較大。

負利率進一步引發對貨幣中性假設的反思。主流經濟學認為，中長期來講貨幣是中性的，不影響實體資源配置的效率，自然利率由基本面因素如人口、技術進步等決定，貨幣擴張帶來的唯一危害是通脹，只

要通脹可以控制，央行引導利率下調以促進經濟增長就是合理的。全球金融危機後，人們反思貨幣在中長期是不是中性的，貨幣和金融的波動實質性影響到實體資源配置，自然利率不僅受實體基本面驅動，也受貨幣金融市場的影響。按此邏輯，利率對貨幣政策來講並非外生變數，可能存在央行引導市場利率下調，導致自然利率本身下降，由此甚至形成惡性循環，這表明貨幣政策可能缺少自我穩定的機制。

負利率的未來： 從「走向末路」轉為「另闢蹊徑」

對研究者來說，簡單評價負利率政策「好」或「壞」為時過早，亦不應成為討論之終極目的——重要的是推敲負利率政策及實施細節，分析其邏輯，觀察其影響，以對後續經濟形勢做出客觀判斷。在低增長和低通脹的新時代背景下，科技進步、人口老化、資金流動、收入差距等深刻影響著全球一般性商品與服務的供給與需求，當過往這些能夠促進物價穩定的深層次因素發生變化時，就會影響央行政策的制定與實

現。選擇負利率以實現經濟增長和物價穩定，既是貨幣政策的全新實驗，也是全球經濟深層次變革的必然結果。

　　理性展望，企業和民眾部門在負利率形勢下如何應對？企業因為對未來增長的預期不樂觀，將進一步收縮其債務規模，降低負債率；資本的邊際產出率不斷下降，實業投資的信心有很大問題。民眾和消費者將同樣因負利率趨於保守，儲蓄不划算但過度消費可能破產——負利率有可能提振持有住房和長期耐用消費品等需求，但對彈性較大的消費行為完全會趨於收斂。在全球總需求不足和低通脹預期之下，消費和投資本身在負利率因素調節中難言樂觀。

　　機構投資者的資產配置在負利率時代可能出現以下趨勢。一是資產泡沫現象可能整體更為嚴重。負利率伴隨的流動性氾濫，將在世界範圍內進一步抬升資產價格，美國與歐元區資產可能因此得到進一步追捧。二是優質資產進一步被搶購，所謂「越白越貴」的趨勢可能得到強化。如美國矽谷和中國消費互聯網資產（以蘋果和阿里巴巴為例），可能超出預期地實現大規模快速增長，穩定其盈利能力與資產價格，也進一

步拉開與行業競爭者的差距，受到投資者青睞。三是另類投資可能顯著分化，優質不動產、貴金屬等避險資產有機會穩定甚至增長，但風險投資和私募股權投資可能整體性進入休眠期。

負利率對下一階段的貨幣形態發展帶來新的不確定性，也許為「另闢蹊徑」提供了某些啟示。隨著資訊技術和互聯網的發展，貨幣及其價值傳遞方式出現了根本性的轉變，以信用卡、網銀和移動支付為代表的電子錢，以及數位貨幣、區塊鏈和加密資產等都在快速發展。特別是以臉書推出的Libra（天秤座虛擬加密貨幣）為代表，其目標是發展成為一種「不企求對美元匯率穩定而追求實際購買力穩定」的加密數位貨幣，這引發了全球對未來數位貨幣的重要性、演化形態和利率價格等的關注。與此同時，中國央行主導的主權數位貨幣DCEP已有實質進展，歐洲央行也開始考慮發行公共數位貨幣的多種方案。數位化相當程度上加速了全球資金流動，可以部分解釋利率下調的原因，但負利率是否會影響未來數位貨幣的信用或可計算交易體系，更值得深入探索。

PART 1

本質與反思

概論

1

錢蔑視人所崇拜的一切神，並把一切神都變成商品。
　　　　　　——馬克思（德國哲學家）

　　負利率是近年世界經濟和金融市場出現的新鮮事物。一般而言，本書討論的負利率特指名義利率為負。而實際利率是名義利率與通貨膨脹率之差，實際利率為負的情況亦不鮮見。

　　千百年來，借錢還本付息，意味著利率的存在即讓渡資金使用權而獲取收益，負利率的出現與人們的常識似乎相悖。為釐清名義負利率的由來，首先需要弄清利率的本質，並進一步考察其決定機制，從而評判負利率政策以及其對經濟與社會帶來的一系列影響，為政府、企業和廣大投資者提供決策參考。

亙古未有之奇觀

　　從全球範圍來看，當前主要工業化國家整體性出現了負利率趨勢，這一大規模現象是歷史上從來沒有遇到過的經濟挑戰。21世紀以來，在國際金融市場中，從零利率到負利率的現象不斷出現，備受爭議的負利率政策措施被列入越來越多國家的貨幣政策考慮範圍之中，發人深思。

　　自2008年全球金融危機及接踵而至的歐債危機以來，金融機構虧損嚴重，導致商業銀行不敢貿然擴張信貸。市場利率逼近零下限，經濟陷入流動性陷阱，沒有進一步的降息空間，或利率政策傳導機制嚴重受阻，致使實體經濟投資下滑，通貨緊縮成為常態，整體經濟增長乏力。在此背景下，為

了擺脫經濟困境，刺激經濟復甦，各央行紛紛採用一系列非常規貨幣政策，其中丹麥、瑞士、瑞典、日本和匈牙利的央行及歐洲央行先後採取了負利率政策。

各央行的負利率主要調整的是利率走廊的下限，即商業銀行在中央銀行的存款利率。發達經濟體已經實現了利率市場化，所以日本、丹麥、瑞典、瑞士、匈牙利的央行及歐洲央行並不能直接控制零售市場的存貸款利率，只能通過用利率走廊調控政策設定央行與商業銀行存貸款利率上下限的方式來調控銀行間同業拆借市場的利率。通過利率管制措施，結合市場機制，中央銀行可以有效地將市場利率控制在目標水準之內。

事實上，商業銀行存放在中央銀行的準備金分為法定準備金和超額準備金。根據存放時間的不同，分為隔夜資金和7天資金。目前，六大央行負利率政策的實施，比較典型的有兩種情況。

第一，對所有存放在央行的超額準備金統一實施負利率。其代表有歐洲央行、瑞典央行和匈牙利央行。2014年6月，歐洲央行首次將存款工具利率（隔夜存款利率）由此前持續兩年的零利率調降至-0.1％；瑞典央行則在2015年2月將7天回購利率降至-0.1％，2016年3月，匈牙利央行宣佈下調隔夜存款利率15個基點至-0.05％，並將隔夜借貸利率從2.1％大幅下調至1.45％。

第二，對部分超額準備金實施負利率。丹麥、瑞士和日本

都採用分級利率制，即將商業銀行存放的準備金劃分為不同的層級。2012年7月，丹麥央行分別對金融機構隔夜和7天存款實行零利率和-0.2％的利率，並且對隔夜存款設立限額，超過限額則被認為是7天存款而利率判為負。2015年1月，瑞士央行對超過一定限額的活期存款實行-0.75％的利率，針對有無必要準備金要求的金融機構限額不同，如對無必要準備金要求的金融機構超過1000萬瑞士法郎則執行負利率。2016年2月，日本央行調整各家銀行在央行的存款利率，由0.1％調整到-0.1％，日本的「三級利率體系」由此建立起來。「三級利率體系」實質上是針對不同性質的準備金帳戶執行不同利率。第一級基本帳戶總額約210萬億日元，這部分實施0.1％的正利率，以防止商業銀行利潤過度下滑。第二級宏觀附加餘額約40萬億日元，是金融機構法定準備金和受央行扶持的貸款帶來準備金的增加，這部分執行0％的利率。第三級政策利率餘額是除前兩級以外的商業銀行新增準備金，對商業銀行另增加的超額準備金處以「罰金」，目的是鼓勵其積極貸出資金，擴大信貸規模，刺激經濟。

表1.1展示了六大央行負利率政策具體實施情況及目標。

各央行政策利率按月變動，進行資料回歸分析（針對丹麥2015年1月三次利率調整的唯一特例，取最後一次調整作為當月利率水準值）。綜觀六大央行的政策，目標都是擴大信貸、刺激經濟通脹、促進經濟增長和穩定匯率，通過考察這些指標

表1.1　六大央行的利率走廊		
各央行	利率走廊，由左至右從下限到上限		
歐元區	存款工具利率＊（隔夜存款利率）	主要再融資利率（常規流動性）	邊際貸款工具利率（隔夜貸款利率）
瑞典	存款利率（隔夜）	回購利率（7天）＊	貸款利率（隔夜）
丹麥	存單利率（7天）＊	活期存款利率	貸款利率（7天）
瑞士	3個月Libor 目標區間下限＊	即期存款利率	3個月Libor 目標區間上限＊
匈牙利	隔夜存款利率＊	央行基準利率	隔夜抵押貸款利率
日本	隔夜補充存款利率	無抵押隔夜拆借利率	貸款基準利率

資料來源：歐洲央行，瑞士銀行，丹麥國家銀行，瑞典央行，匈牙利央行。
注：「＊」標記表示負值。Libor表示倫敦銀行間同業拆借利率。地板系統中，央行設定目標利率是準備金存款利率。雖然歐元區和日本貨幣政策實施框架已轉為地板系統，但準備金存款利率仍是央行政策利率的目標。

表1.2　六大央行的負利率政策具體舉措及目標

各央行 （政策利率）	宣佈時間	利率
歐元區 （隔夜存款利率）	2014.6	-0.1
	2014.9	-0.20
	2015.12	-0.30
	2016.3	-0.4
	2019.9	-0.50
瑞典 （7天回購利率）	2015.2	-0.10
	2015.3	-0.25
	2015.7	-0.35
	2016.2	-0.50
	2018.12	-0.25

補充措施	政策目標
為期2年定向長期再融資操作，宣佈準備資產支持證券購買計畫	促進信貸「脫虛入實」，刺激消費和投資，一定程度上壓低歐元匯率。旨在解決市場失靈問題，減少歐元區各國企業和家庭在融資條件上的差異
資產支持證券購買計畫啟動	
擴大資產購買計畫延長6個月。擴大可購買資產範圍（每月的數量沒有增加）	
擴大量化寬鬆計畫規模由每月600億歐元增至800億歐元，直到2017年3月。可購買資產新增非金融債券，為期2年定向長期再融資操作	
重啟 QE, 從11月1日起每月淨購買200億歐元債券；對符合條件的銀行，下調新一輪定向長期再融資操作（TLTRO-Ⅲ）利率，並將期限從2年延長至3年；推出分層利率體系，銀行的部分資金將免受負利率影響	
前瞻性指導，100億瑞典克朗政府債券購買	對抗經濟增速放緩，刺激通脹
擴大政府債券購買至300億瑞典克朗	
擴大政府債券購買至750億瑞典克朗	
到期政府債券資金用於再投資擴大債券購買規模	

表1.2　六大央行的負利率政策具體舉措及目標（續表）

各央行 （政策利率）	宣佈時間	利率
丹麥 （7天存單存款利率）	2012.7	-0.20
	2014.9	-0.05
	2015.1	-0.20
	2015.1	-0.35
	2015.1	-0.50
	2015.2	-0.75
	2016.1	-0.65
	2019.9	-0.75
瑞士 （隔夜活期存款利率）	2014.12	-0.25
	2015.1	-0.75
匈牙利 （隔夜存款利率）	2016.3	-0.05
	2017.9	-0.15
	2019.3	-0.05
日本 （超額準備金利率）	2016.1	-0.10

資料來源：歐洲央行，瑞士銀行，丹麥國家銀行，瑞典央行，匈牙利央行。
注：丹麥央行也進行匯率干預以保持與歐元掛鉤。

補充措施	政策目標
暫停發行新債券	抑制本幣匯率上升壓力
重申捍衛歐元／瑞士法郎匯率下限　　實施歐元/瑞士法郎匯率下限將不再合理，承諾如有必要仍將積極干預匯率	維持匯率低水準穩定
-	對抗經濟增速放緩，緩解貨幣升值壓力
確立二級利率體系，維持當前質化、量化寬鬆政策不變	實現通脹目標，刺激信貸和經濟增長，推動貨幣貶值

的變動情況，可以對負利率政策實施效果做出整體評估。六大
央行的負利率政策具體舉措及目標見表1.2。

貨幣利率的決定

　　利率即利息率，是指貨幣借貸期滿形成的利息總額與借貸
本金的比率。換言之，貨幣是衡量商品和服務價值的指標，而
利率則是這一指標（貨幣）本身的價格。因此，負利率如同代
表了當貨幣商品成為「燙手的山芋」時，減少（負）消費反而能
獲得（正）效用——人們不情願持有它並願意為處理（如存儲
或貸出）它而支付一定報酬。然而，根據人們的直覺，當錢的
價格為零時，把錢藏在床底下和拿來放貸沒什麼區別，因為持
有或借貸現金沒有成本。但貨幣價格怎麼會是零呢？世界的運
轉離不開貨幣，利率又怎麼可能變為負呢？

(一) 貨幣價值理論

　　貨幣必須為社會認同的可以充當一般等價物的商品，因此
它在交易中的價值等於其作為商品的消費價值。現代貨幣的主
要形式是紙幣，這種沒有任何價值基礎的紙幣又是如何在現代
經濟社會中獲得其自身價值的呢？

　　瓦爾斯（1998）認為，有三種常見的將貨幣引入一般均衡模型的方法。第一種，直接將貨幣轉換成可以跨期、跨地轉移價值的資產形式。這種方法強調的是貨幣的價值儲藏功能。第二種，假定貨幣可以產生直接效用，那麼將實際貨幣餘額用作效用函數的引數，當消費者的效用達到最大時，對應的貨幣量就為均衡貨幣量。在這裡，貨幣起到了衡量消費者效用的作用。第三種，假定任何資產間的交易都是有成本的，而貨幣的存在可以降低交易成本，或者假定在某些特定形式的交易中貨幣的使用是必需的，於是貨幣的需求就產生了。這正是貨幣的交易媒介職能發揮了作用。貨幣能夠帶來以上三個方面的正效用，從而誕生了正向需求。根據消費者需求理論，商品的需求價格是指消費者在一定時期內對一定量的某種商品所願意支付的最高價格。這樣一來，以信用為價值基礎的現代貨幣（紙幣）就擁有了正的價格。

　　在第一種方法中，薩繆爾森（1958）構造了簡單形式的OLG（代際交疊）模型，這是最早將貨幣放在社會結構中研究的現代處理方法。在兩期模型中，每個人年輕時可獲得一單位無法儲存的消費品，年老時個體沒有收穫。人們總是希望在生命週期都有正的消費，貨幣的儲藏功能則可以解決這一矛盾。它使年輕人在當期將自己收穫的一個固定比例提供給老年人，並且此後年輕人都照此辦理，每個人生命的每一期的正消費得以實現。貨幣的引入使整個社會存在帕累托改進，因而產生了正效

用。正如華萊士（1981）指出的，薩繆爾森的OLG模型是唯一的明確指明貨幣使用原理的模型。

　　針對第二種方法，斯德奧斯基（1967）構建的MIU模型（效用函數中的貨幣模型）直接將人均實際貨幣餘額引用到消費者的效用函數，保證了均衡時產生對於貨幣的正需求，從而使貨幣有了正的價格。但是這種方法並沒有回答為什麼貨幣可以產生效用，也沒有回答為什麼被稱為「錢」的那些紙片可以產生效用，而其他紙片則不能。對於MIU模型的常見批評認為，紙幣本身是無用的，它僅是通過在使用過程中便利了交易從而產生價值，因此對於貨幣需求的探查應從貨幣的交易功能入手。

　　第三種方法探究作為交易媒介的貨幣的起源。原始的物物交換要求交易對象的相對需求正好一致，即每個參與交易的個人所得到的物品都是他準備用來消費的，而不是為了更進一步的交易。這種相對需求一致性的要求，使大部分交易無法達成。直接交易的這種無效率雖然可以通過間接交易來改善，但會產生交易費用更高的問題。這很容易導致交易費用（如運輸成本）較低的物品通常被選擇為交易媒介，於是作為交易媒介的一般等價物出現了。一般等價物的引入並不是克服直接交易無效率的唯一方式，另一種替代方案則是採用完全信用制度，即個人可以通過從銀行得到的信貸（不一定通過貨幣的形式，如信用積分）來購買自己需要的物品，不需要先賣出自己手中的物品。完全信用制度與貨幣制度相比，需要更多關於貸款者的資訊，

但可以減少貨幣攜帶的成本。

　　貨幣或信用的使用環境是如何決定的？克洛爾（1967）認為，「貨幣購買商品，商品購買貨幣，但是商品不能直接購買商品」，其假定貨幣必須用於特定形式的交易，引入 CIA（現金優先）約束。根據 CIA 模型，消費的邊際效用等於財富邊際效用加上利息成本，而貨幣的現值等於它在將來各期產生的邊際效用的貼現總和。該方法的問題在於循環論證，即首先假設消費品必須用現金來購買，消費成本在計算中包括財富減少帶來的邊際效用損失，還包括由於獲得現金帶來的流動性服務而面臨的利息成本。當名義利息率是正的，消費行為將同時包括消耗財富和獲得流動性服務時，消費的邊際效用就會超過財富的邊際效用。因此，在 CIA 模型中，名義利率的作用好像消費稅，提高了消費的價格。

　　前文未涉及貨幣最重要的職能——價值尺度，是因為它對應著消費品、資本品的借貸利息而非貨幣本身的使用價格。雖然上述三個模型並不完美，但它們仍可以揭示出貨幣價格變為負（負利率）的可能來源：第一，就貨幣的價值儲藏功能而言，為滿足跨期消費而引入的貨幣已經飽和，再由央行外生強制擴大流動性的行為帶來的貨幣邊際效用遞減至負值；第二，就貨幣的交易媒介作用而言，貨幣本身除能提供流動性服務外，還具有流通成本（如銀行耗損電力、電腦、人力等成本），因而在市場流動性過剩時將會導致流動性服務的增加效用不明顯而成本卻

大大提升，進而導致貨幣變成一種低效用乃至負效用的商品。

　　貨幣價值的來源確定後還需要解決的問題是：圍繞價值波動的價格受哪些因素的影響？在怎樣的情況下價格會變成負值？按照西方經濟學的研究，這需要從成本收益、供給需求和一般均衡等理論出發，闡明利率的決定機制。

（二）利率決定理論

　　利率水準是怎樣決定的？有哪些因素會影響它的變化？各經濟學派對利息決定理論有著不同的闡述。馬克思政治經濟學的利率決定論是以剩餘價值在不同部門資本家間的分配為起點，在剩餘價值轉化為平均利潤後，貸出資金的資本家從借入資金的資本家那裡分割的一部分剩餘價值便稱為利息。根據這一理論，利息通常大於等於零，否則有閒置資本的資本家就不會將資本貸出。而對於利息率出現負數的情況，則並未提及。

　　古典主義經濟學學派認為，投資和儲蓄只與利率有關，投資量會因利率的提高而減少，儲蓄量因利率的提高而增加，當二者達到均衡時，利率便可確定。這種理論強調非貨幣的實際因素在利率決定中發揮了至關重要的作用，因此又被稱為實際利率理論。

　　凱恩斯的流動性偏好理論對於短期利率的確定更具有說服力。他認為儲蓄是收入的函數，而收入又取決於投資。因此投

資和儲蓄具有聯動性，不能將它們看作決定利率的獨立變數。他從非實際因素的貨幣理論出發，認為利率由貨幣市場的供求決定。貨幣的需求由人們的交易需求、預防性動機和投機需求產生（前兩者與收入有關，後者與利率水準有關），而貨幣供給則完全受控於中央銀行。後來，以托賓為代表的學者擴展了凱恩斯理論，認為托賓效應、資產負債表效應和財富效應會對投資需求產生影響。托賓效應是指通貨膨脹使人們持有貨幣的機會成本上升，從而去尋求增加資本在資產組合中的比重。

新古典主義經濟學派的可貸資金理論則綜合了貨幣因素和實際經濟因素（投資、儲蓄）。該理論認為，人們對貨幣具有時間偏好，未來時期等值消費的價值不如今天。當利率高於時間偏好，則放棄消費將其貸出，與貨幣供給量共同作為資金的供給方。該學派中，利率常作為外生變數，並協同技術創新、產業革命一起，對勞動力與資本的供需關係起到決定性作用。尤其是利率作為影響均衡邊際回報率的決定因素，在整體經濟環境中有著無可替代的作用。而新古典經濟學則把貨幣存量作為決定利率的主要因素，從另一個方面解讀了利率市場化的觀點。

根據上述理論，分析某一經濟體採取負利率政策的背景：表明可貸資金需求力已接近飽和，如企業和民眾沒有借貸額度，或企業預期盈利不振而不願借貸，經濟持續下探，民眾收入減少，從而使存款和通貨需求不可能再上升……主要供給方中央銀行為刺激經濟增長等目的，而實施了一系列特殊的貨幣

政策。根據凱恩斯著名的「流動性陷阱」理論，當利率極低時，人們預期暫時利率不大可能下降，資產價格可能跌落，不管怎樣增加貨幣供給，人們都執意於儲存。負利率政策正是在這種常規貨幣及非常規貨幣政策有效性極差的背景下應運而生的。經濟學中假設理性人會在利率為零或為負值的情況下放棄貨幣「儲藏價值」的作用，轉而進行消費和投資以減少貨幣持有量，因此該政策短期內會對經濟復甦起到積極作用。

　　除此之外，還有兩個重要因素——風險溢價和管制，通過直接作用而對利率水準產生影響。事實上，在現代經濟運行中，存在著成百上千種利率，例如民眾存款利率、企業貸款利率、國債利率、企業債利率、銀行間拆借利率、商業銀行在中央銀行存放存款準備金的利率等。在紛繁冗雜的利率系統中，最關鍵的是「基準利率」，其變化決定了整個利率體系的變動。基準利率是市場機制自發形成的無風險利率，由於任何投資都存在一定風險，因此其利率由基準利率加風險溢價得出。

　　風險溢價的成因大致有通貨膨脹風險、違約風險、流動性風險以及償還期限風險。第一，通貨膨脹會使名義利率大於實際利率，未預期到的高通脹將使債務人到期時能以更低的實際利率清償債務，或者說從債權人到債務人之間發生轉移支付，因此債權人需要承擔一定的通脹風險。相反，未預期到的通貨緊縮使債務人承擔了更多風險。第二，在市場運行中，各種資質情況不佳——比如信譽較差的貸款人——會使債權人蒙受更

大的違約風險，因此風險溢價補償更高。例如政府和國企往往比民營企業的信用要高，因此政府債券的利率比一般公司債券利率要低，國有企業常常能夠比民營企業更容易獲得大額貸款，產生所謂「小微企業融資難」和「資本寒冬」等問題。第三，清償期限越長，債權人資金面臨的不確定性越大，出現損失的可能性也就越大，因此需要更高的風險溢價補償。

　　在多數發展中國家，為了將不充裕的資本集中起來發展經濟、控制通脹等，常對利率實行管制措施。如中國利率政策主要是對各年限存貸款基準利率調整的措施。新古典主義考察供給方中央銀行的不同貨幣政策，可以分為數量型和價格型兩類。這兩種貨幣政策均對利率起到調控作用。

　　數量型貨幣政策是指側重於直接調控貨幣供給量的工具。中國大陸主要包括公開市場操作（中央銀行票據的發行與回購）和準備金率的調整，常備借貸便利（SLF）、中期借貸便利（MLF），以及臨時流動性便利（TLF）與2019年8月最新設立的貸款市場報價利率（LPR）。凱恩斯主義提出的貨幣政策的傳導機制為：$\rightarrow r \rightarrow I \rightarrow E \rightarrow Y$，即數量型貨幣（M）政策的調整，首先引導利率（r）的升降，然後是投資（I），最後使總支出（E）、總產出（Y）發生變動。從1996年到2019年10月，瑞典、丹麥、瑞士、匈牙利、日本的央行及歐洲央行共調整存款準備金率55次，利率33次。由於許多發達國家放棄或慎用法定存款準備金制度，該政策有效性一度令人質疑。基於對2006—

2011年國債期限利差的資料研究發現，短期內的國債期限利差會因存款準備金率的上調而顯著減小，這直接證明了該政策的短期有效性。雖然承擔了促增長、穩通脹、調結構、管控金融風險等多重目標的中國大陸央行更偏愛數量型貨幣政策，但越來越多的學者認為，高存款準備金率會一定程度地弱化和扭曲政策到利率的傳導，削弱利率政策對實體經濟的影響。截至2019年10月，中國大陸大型金融機構的存款準備金率達13.0％。近年來，中國大陸央行不斷下調金融機構存款準備金率。2019年1月4日央行宣佈降準1％，實施後一方面刺激了股市的上漲，另一方面也促使市場利率降低，比如房貸利率在2019年上半年是一路走低的。

　　2019年第二次降準是9月6日，央行宣佈全面降準0.5％，定向降準1％，這緩解了市場的資金緊張局面，並為之提供了流動性，可以看出是央行在有意引導利率的降低，降準決定宣佈的當月，1年期LPR相比8月的4.25％降低到了4.20％。進入2020年，大陸央行在1月和3月兩次降準，進一步釋放流動性。降準其實是增加資金的供給，以此來達到降低市場利率的目的，也就是說達到資金價格降價的目的。隨著未來中國大陸商業銀行自主定價能力不斷提高，微觀主體對價格敏感性不斷加強，間接調控的市場基礎將不斷完善。同時，貨幣市場的廣度和深度不斷發展，也會導致貨幣流通速度和貨幣需求函數不穩定，數量型調控手段應積極向價格型手段轉變。

　　價格型貨幣政策是指側重於間接調控的工具——利率政策和匯率政策。與上述利率決定理論傳導機制相反，它通常借助於長短端利率期限結構反過來影響市場預期和經濟個體行為，也由此導致金融市場價格的波動，進一步影響家庭消費和企業投資。20世紀90年代以來，歐美發達國家的中央銀行以對商業銀行發放貸款的利率為上限，以商業銀行在央行的存款利率為下限，為控制銀行間拆借市場利率逼近目標利率，形成了一個新的貨幣政策實施與流動性管理方法——利率走廊。與傳統數量型貨幣政策相比，利率政策和流動性政策有相對獨立的獨特優勢。自金融危機以來，美國聯準會等央行正是利用了這一優勢，在向市場注入大量流動性的同時，依然能將銀行間拆借市場利率穩定在目的地區域，從而成功實施了量化寬鬆等非常規貨幣政策。2019年8月，為深化利率市場化改革，提高利率傳導效率，推動降低實體經濟融資成本，中國人民銀行決定改革完善貸款市場報價利率形成機制。經過多年來利率市場化改革持續推進，目前中國大陸的貸款利率的上下限已經放開，但仍保留存貸款基準利率，處於貸款基準利率和市場利率並存的「利率雙軌」狀態。銀行發放貸款時，大多仍參照貸款基準利率定價，特別是個別銀行通過協同行為以貸款基準利率的一定倍數（如0.9倍）設定隱性下限，對市場利率向實體經濟傳導形成了阻礙，這是市場利率下調明顯但實體經濟感受不足的一個重要原因，也是當前利率市場化改革需要迫切解決的核心問題。這

表1.3　1998—2019年主要貨幣政策工具使用匯總		
時間	利率	存款準備金率
1998—2002年	↓5次	↓2次
2003—2007年	↑9次	↑15次
2008—2009年	↓5次	↑5次；↓4次
2010—2011年	↑5次	↑12次；↓1次
2012年	↓2次	↓2次
2013年	無	無
2014年	↓1次	↓2次
2015年	↓5次	↓5次
2016年	無	↓1次
2017年	無	↓1次
2018年	無	↓3次
2019年	↓1次	↓2次

資料來源：中國人民銀行。注：箭頭代表調控方向。

次改革的主要措施是完善貸款市場報價利率形成機制，提高LPR的市場化程度，發揮好LPR對貸款利率的引導作用，促進貸款利率「兩軌合一軌」，提高利率傳導效率，推動降低實體經濟融資成本。1998—2019年主要貨幣政策工具使用匯總見表1.3。

（三）利率期限與構成

（1）利率期限結構的定性分析

　　在多種多樣的利率構成系統中，最受關注的利率期限結構是指，對應長短不同的期限而高低不同的利率結構（如圖1.1為美國政府債券收益率曲線）。中國目前尚未形成公允的基準利率收益率曲線，也就是中國尚未形成對基準利率期限結構的圖形描述。

　　金融學的基本假設是，資金具有時間價值，時間偏好是形成利率（期限結構）的充分必要條件。具體來說，主要有三種理論解釋了利率期限結構的影響因素：預期理論、市場分割理論和流動性偏好理論。

　　預期理論包括最早的純預期理論與合理預期理論等，共同的特點是對遠期利率的形成有共同的假設：長期利率應該反映期望的未來短期利率。二者之間有些不同的是：前者認為未來特定時間的遠期利率等於對未來這一段時間即期利率的期望，利率期限結構的形狀和變化都只受預期的影響；後者在假設投資者對未來有合理的預期外，還強調長期利率與短期利率的區別更在於需要加上不隨時間變化的風險溢價。希勒（1990）隨後用美國的利率期限資料的實證研究否定了時間不變性，發展了隨時間變化的期限風險溢價。後來的學者總結利率期限結構的影響因素主要包括投資者對未來利率的預期、風險溢價和債券

圖1.1 美國政府債券收益率曲線

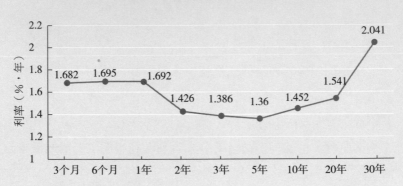

資料來源：美國聯準會網站（2019/10/09）

的凸性等。但在應用中國回購債券利率結構資料進行檢驗時發現，利率期限結構的變化更多來源於風險溢價的變化而非對未來的預期（朱世武、陳建恒，2004），應用SHIBOR（上海銀行間同業拆放利率）日資料實證分析發現，預期理論分別適用於短端和長端系統利率期限結構，但不能完全解釋SHIBOR市場的整體利率期限結構，SHIBOR短端主要參考債券回購利率，而長端則參考央行票據的發行利率。

市場分割理論認為，資金在不同期限的市場之間不能任意流動，進行投機套利，因而產生分割市場，並且擁有不同的利率水準和不同形態的收益率曲線。不流動的原因在於，不同的微觀主體金融機構擁有不同的資金期限需求。該理論的局限性

在於，沒有進一步討論不同市場的利率期限結構變化規律，即什麼樣的部門利率水準更高，收益率曲線有何不同，背後的原因是什麼等問題。

流動性偏好理論在純預期理論的基礎上，提出債券的流動性偏好，使期限越短從而流動性越好的債券，需要增加越多的風險補償。相比於預期理論，它將風險溢價因素引入了分析框架中。

通貨膨脹、違約、流動性等風險都與償還期限有關，因而風險溢價因素是利率期限結構普遍形成的主要因素，當它通過市場參與者預期發生作用後，才有預期理論能分別解釋SHIBOR利率的長端、短端兩個子系統。利率期限結構的形成還依賴於微觀個體金融機構的專業分工產生的市場分割。

（2）利率期限結構的經驗分析

政策利率對利率期限結構先通過影響短期市場無風險利率，使風險溢價發生改變，從而通過金融市場參與者的預期變化，最終使利率期限結構也隨之改變。長期債券收益率是長期市場利率最重要的衡量指標。從EIU Countrydata（綜合資料庫）獲得九個經濟體2007—2014年月度資料，對九個經濟體政策利率與長期債券收益率做線性回歸處理並得到OLS（普通最小二乘法），如圖1.2所示。

根據觀察不難發現：歐元區、英國、美國和加拿大可能存

在與預期不符的風險,而其他地區的表現較符合最小二乘擬合估值的表現,即政策利率與短期市場利率存在線性正相關。而對於線性相關係數存在系統誤差的歐元區、英國、美國以及加拿大,考慮其存在較為明顯的風險溢價,從而影響短期市場利率與政策利率存在些許偏離,但不影響線性正相關的結論。三大經濟體政策利率和短期市場利率相關係數與P值見表1.4。

同時為檢驗負利率政策對利率期限結構的特殊影響,同樣根據上文設置的當政策利率為零或負、其值為1的虛擬變數(dummy variable),分別對負利率五個經濟體做線性回歸和OLS兩階段擬合圖。圖1.3展示了負利率五個經濟體線性政策利率與市場利率線性回歸和OLS擬合圖。

實證結果表明,負利率政策推出後,政策利率對長期利率的影響變得更加顯著,體現在線性回歸和OLS擬合圖中擬合線變得更加陡峭(其中匈牙利因為2016年3月才實行負利率,只有10個不變的政策利率觀測值,因而相關係數在政策節點前後並無二致)。

為進一步確保實證結果的正確性,當虛擬變數為1或0時分別對負利率四個經濟體(匈牙利觀測值無變化,不包含任何訊息量,無法進行檢驗)及總體進行線性回歸OLS檢驗,用dummy=1表示零利率和負利率政策推出後樣本檢驗情況,dummy=0表示正利率情況,結果如表1.5所示。

從回歸的結果可以看出:在丹麥、瑞士、瑞典以及歐元

圖1.2　九個經濟體政策利率與長期市場利率線性回歸和OLS擬合圖

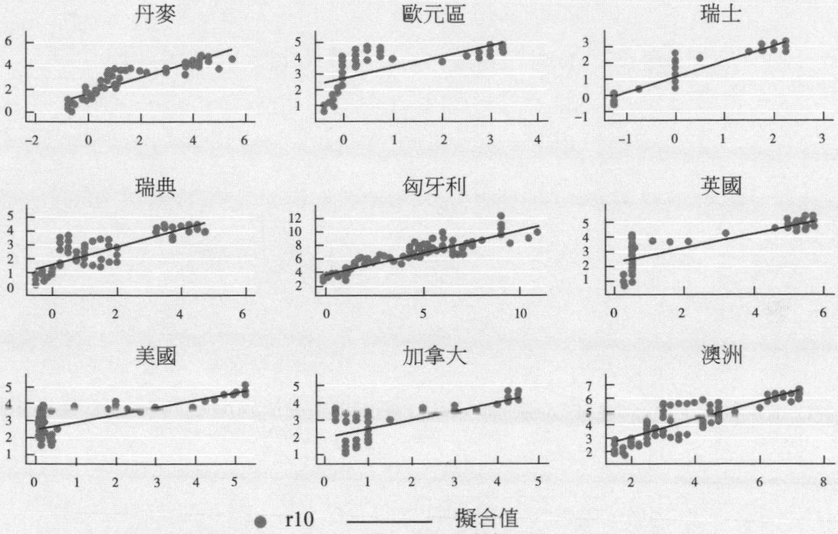

● r10　——— 擬合值

注：長期市場利率以10年期政府債券收益率代理（加拿大只公佈分時段收益率
如1~3年和3~5年、5~10年和10年以上，故選擇10年以上指標），資料來自EIU
Countrydata和歐元區、美國、瑞士及匈牙利央行，經作者整理獲得。

表1.4　三大經濟體政策利率和短期市場利率相關係數與P值

經濟體	相關係數P	值
歐元區	0.6283	0.0000
美國	0.7418	0.0000
加拿大	0.6490	0.0000

圖1.3　負利率五個經濟體線性政策利率與市場利率線性回歸和OLS擬合圖

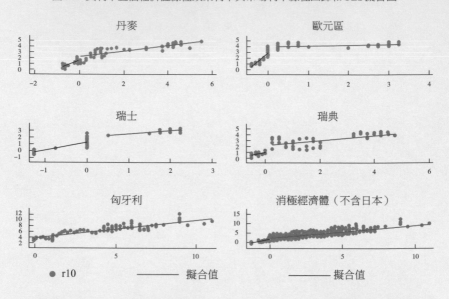

　　● r10　　　　　　——— 擬合值　　　　　　——— 擬合值

表1.5　負利率四個經濟體政策利率和長期市場利率分段檢驗相關係數與P值

經濟體	回歸係數 （虛擬變數=1）	P值 （虛擬變數=1）	回歸係數 （虛擬變數=0）	P值 （虛擬變數=0）
丹麥	1.60	0.0000	0.49	0.0000
歐元區	5.92	0.0000	0.14	0.0000
瑞士	1.21	0.0000	0.49	0.0000
瑞典	0.97	0.0001	0.43	0.0000
總體	0.67	0.0000	0.66	0.0000

區，利率政策對長期市場利率也存在較明顯的導向作用。可以認為，這幾個地區實施的利率政策是長期有效的。同時，結合前文中利率政策在歐元區對短期市場利率的顯著影響，也證明了歐元區的利率政策具有及時影響並長期作用於其市場利率的功能，即利率政策是調節歐元區利率的高效工具。政策利率對利率期限結構的影響既有文獻已經研究得比較充分，主要觀點是，通過影響短期市場無風險利率使風險溢價發生改變，從而通過金融市場參與者的預期變化最終影響長期利率，進而利率期限結構也隨之改變。

負利率浪潮：機遇或陷阱

「負利率」實踐已經涉及全球幾十億人口，不再是小實驗。回顧近年國際經濟實踐，負利率出現了兩次浪潮，分別在2009—2016年，以及2019年至今。2009年8月，瑞典中央銀行對銀行存款首次突破「零利率」下限，實施名義負利率，被認為「從此進入了一片未知領域」；2014年，丹麥與瑞士央行先後跟進實施負利率；2016年初，日本央行以5:4的多數票贊成通過了負利率政策，自此「負利率」經濟體已接近全球經濟總量的1/4。美國聯準會在2016年對大型銀行開展壓力測試時，把國債負利率作為測試情景，這被認為是美國聯準會將負

利率視為可行選項的明確訊號。2017—2018年，國際金融市場一度對負利率爭議嚴重，部分政策研究者認為這一政策無法持續，只是曇花一現。但進入2019年以來，美國聯準會接連三次調低基準利率，引發多國央行跟進，持續降息預示美國即將迎來負利率時代；2019年10月，美國聯準會主席鮑威爾則稱目前聯邦基金利率「可能略低於零」。這標誌著負利率的經濟實踐正在進入新的階段。

　　負利率政策不可回避的矛盾，在於其與人們天經地義的直覺——信貸還本付息相衝突，這需要將央行政策實踐與貨幣創造的源頭結合才可解釋。首先，在現實負利率政策實施過程中，雖然有真實發生的突破傳統貨幣政策零下限的情況，但是負利率政策的主要標的是商業銀行在中央銀行的超額準備金利率，銀行出於自身經營考慮，往往不會對民眾和小企業存款徵收負利率。以歐洲央行為例，負利率政策只是構築利率走廊下限突破負值，利率走廊乃至整個市場利率通道並非負值。其次，即使拋開貨幣的價值尺度功能不談，貨幣本身還因為提供流動性便利和價值儲藏的功能而有了理論上的正價值。因此，傳統理論認為「原始存款」來源的央行供給對應現實中商業銀行從央行取得貸款的利率，而六大負利率「俱樂部」成員中，除瑞士利率走廊上限也為負之外，都與理論一致。最後，對商業銀行在央行超額準備金實行「懲罰性」負利率，並未違背利率的本質理論。因為貨幣創造過程的起點是基礎貨幣

的發行，而這有賴於市場主體從商業銀行（存款創造銀行）取得信貸，從而有了「原始存款」，才通過乘數效應創造大量廣義貨幣。所以，超額準備金其實是「趴在帳面」上不動的無效供給，因而也就談不上借貸（在央行存款）出的錢竟然能取得利息的情形。

　　以G10（十國集團）、歐元區、瑞士、丹麥、瑞典、匈牙利和澳大利亞等10個經濟體作為總體考察物件，表1.6展示了這些經濟體非常規貨幣政策的實施細節。

　　年利率水準逼近零或突破零點的發達經濟體之間存在相似性（如圖1.4）。2009—2017年歐洲央行的政策利率則請見圖1.5。考察負利率政策的具體形成過程，以日本為例。日本經濟「失落

表1.6　非常規貨幣政策的實施細節	
政策類別	實施經濟體
前瞻性指導	歐元區、瑞典、日本、美國、英國、澳大利亞
資產購買、量化寬鬆	歐元區、瑞典、日本、美國、英國
負利率	丹麥、歐元區、瑞士、瑞典、日本、匈牙利

資料來源：歐洲央行、瑞士銀行、丹麥國家銀行、瑞典央行、匈牙利央行、澳洲聯儲等央行及作者整理。

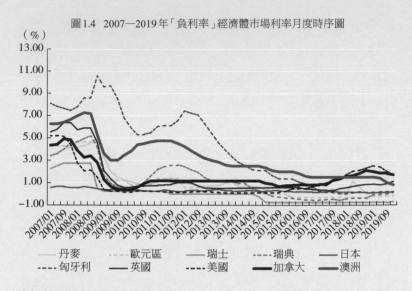

圖 1.4　2007—2019年「負利率」經濟體市場利率月度時序圖

資料來源：EIU Countrydata

注：上述經濟體以3個月主要公司票面利率、3個月 STIBOR（斯德哥爾摩銀行同業拆借利率）、3個月瑞士法郎LIBOR、3個月BUBOR（布達佩斯銀行同業拆借利率）和3個月EURIBOR（歐元銀行同業拆借利率）等作為市場利率。

的二十年」人們耳熟能詳，其經濟長期停滯的一些典型特徵：一是名義上和實際上GDP增速大幅下降，二是持續二十多年的通貨緊縮，三是投資萎靡不振，四是家庭財產和工資收入下降。GDP增長的三駕馬車，私人部門的消費長期停滯但並沒有減少，政府購買不斷上升，因此投資需求萎縮是經濟減緩的直接因素。參考新古典學派的利率決定理論，就供給側分析中央銀

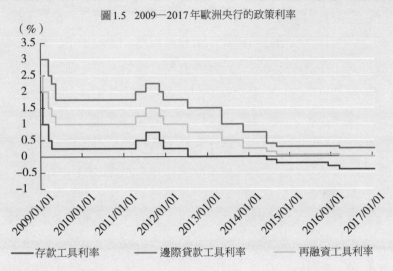

圖1.5　2009—2017年歐洲央行的政策利率

資料來源：歐洲中央銀行

行貨幣供給和民眾儲蓄行為，需求端則主要側重於投資需求分析。在日本，就民眾儲蓄行為來看，結合凱恩斯認為儲蓄其實是收入的函數，儲蓄隨著收入的下降而下降，降低了市場上可貸資金供給，從而對央行施加了更大的投放流動性壓力。投資需求以凱恩斯主義托賓Q理論、財富效應、資產負債表效應和托賓效應為分析框架——長期經濟衰退導致資本邊際報酬減

少，投資意願下降——通過這幾大理論效應的傳導，使利率隨之下調。長期的通貨緊縮和經濟衰退更進一步倒逼中央銀行提振投資，促進通脹，從而拉升經濟進入擴張通道。這幾個方面共同推動日本從量化寬鬆政策，發展到質化量化寬鬆政策，在這些政策效果不彰的情況下加入了負利率「俱樂部」。

在名義負利率尤其是現實負利率政策的形成過程中，一大理論困境來源於瑞士銀行貨幣政策將利率走廊上限也設為負，使整個利率廊處於負區間。按之前所言，商業銀行從央行的借貸應該屬於「有效」貨幣創造，為何卻違背了原始貨幣具有正價值的理論？有兩種可能的解釋，它們都未超出前文所述的利率本質和決定理論。

第一，根據新古典宏觀經濟學的實際經濟週期理論，近年經濟疲軟是因為舊的技術將消化殆盡，新的經濟增長點還未顯現。在有效需求不足的背景下，即使央行不遺餘力地注入海量流動性，甚至用「懲罰性」負利率鼓勵和迫使商業銀行增發信貸，但企業心有餘而力不足，對未來利潤回報沒有信心和缺乏好的投資標的導致信貸額度已達瓶頸，從而市場事實上流動性過剩，新增的流動性不再具備滿足流動性需求的功能。作為價值儲藏作用的貨幣也已充足，持有貨幣餘額直接增加的效用也因邊際遞減而至零甚至突破零下限。

第二，瑞士是一個對外依存度和開放度極高的國家。自歐債危機爆發後，歐元區各國銀行發生擠兌的風險顯著上升，各

國富人都願意把錢存入瑞士銀行這一傳統的資金避風港。在全球經濟衰退的今天，各國資金流入上升的態勢給瑞士法郎難以想像的壓力，並由此傳導給它的鐘錶、製藥等企業，使其成本大幅上升，同時其旅遊業也遭受重創。因此，穩定匯率是瑞士銀行降低利率至負值的重要原因。針對商業銀行從中央銀行貸款利率為負的情況，可能意味著瑞士甚至願意為了進一步降低利率，保持瑞士法郎免受大幅升值壓力而給予市場借貸者一定補償，從根本上並未違背利率正價值理論。果說政府推動量化寬鬆是把更多的錢發到人們手上，負利率就是逼迫人們把這些錢花掉。第二波浪潮的興起，說明對美國、歐元區和日本等大型經濟體而言，採取負利率將直接刺激信貸，繼而承擔起刺激投資、提高就業的使命；對於瑞典、瑞士、丹麥等對外部環境敏感的較小規模經濟體而言，則主要是為了穩定本幣匯率——負利率是否長期影響經濟增長和人民福祉，對未來是機遇還是陷阱，還需要拭目以待。

反思負利率

信用的作用恰似一個強有力的滑車，加速了貨幣的流通。

——維克塞爾（瑞典經濟學家）

　　貨幣是衡量商品和服務價值的指標，利率的本質就是貨幣資金的價格，負利率政策本質上屬於一種寬鬆、非傳統貨幣政策，有其產生的獨特背景。本章將介紹貨幣政策的理論發展過程，以探究各國央行採取非傳統貨幣政策背後的根源，進一步探討負利率政策產生的根本原因。

傳統貨幣政策：重新剖析

（一）貨幣理論：數量、均衡與理性預期

（1）貨幣數量論

　　古典經濟學派以「兩分法」將傳統經濟理論分為貨幣理論與實體經濟理論，兩者相互獨立發展。在貨幣理論的研究中完全不涉及貨幣與產品生產、經濟運行的關係，只考慮貨幣與商品價格水準的關係。正如薩伊所說：「在以產品換錢、錢換產品的兩道交換過程中，貨幣只一瞬間起作用。當交易最後結束時，我們將發覺交易總是以一種貨物交換另一種貨物。」古典學派的經濟學家普遍認為，貨幣只是商品交換的媒介，本身並沒有價值。在對貨幣理論的研究過程中，貨幣數量論作為一種解釋貨幣數量與物價水準之間因果關係的學說，被廣泛接受。到20世紀初，經濟學界大多承認物價水準是貨幣供應的函數，兩者之

間存在一種嚴格的比例關係。傳統貨幣數量論的代表人物是歐文·費雪，他在自己1911年的著作《貨幣的購買力》中對傳統貨幣數量論做出了系統清晰的闡述。書中提出的交易方程式考察了貨幣總量（貨幣供給）與經濟體生產出來的最終產品和勞務的總支出P×Y之間的聯繫，方程式為：M×V=P×Y。

　　其中，M代表貨幣數量，V代表貨幣流通速度，P代表物價水準，Y代表總產出（收入）。

　　費雪的貨幣數量論認為，貨幣流通速度在短期內保持穩定，而基於古典經濟學假設工資和價格具有完全彈性，古典經濟學家認為總產出Y總是可以維持在充分就業的水準上，所以說短期內可以認為Y也是穩定的。因此貨幣數量論表明，在短期內V和Y保持不變，P隨著M的變化而變化，即物價水準的變動僅僅取決於貨幣數量的變動。

（2）維克塞爾的貨幣理論

　　維克塞爾的貨幣理論是在傳統貨幣數量論的基礎上建立起來的，但是他對傳統貨幣數量論的肯定僅建立在簡單商品經濟的前提條件下，在發達商品經濟條件下，他認為傳統貨幣數量論對於貨幣流通速度不變的假定是錯誤的，原因在於信用制度的變化對實際流通速度產生了重要影響。「信用的作用恰像一個強有力的滑車，加速了貨幣的流通」（維克塞爾，1982）。

　　維克塞爾對傳統貨幣數量論的突破，還體現在對「貨幣面

紗觀」提出質疑。一方面，他認為將貨幣視為覆蓋於實物經濟上的面紗這一看法是膚淺的，「貨幣的使用或濫用實際上可以積極地影響實物交換和資本交易，濫用貨幣會破壞大量的實物資本並使社會的整個經濟生活陷於絕望的混亂。另一方面，通過貨幣的合理使用，實際上可能積極地促進實物資本的積累和一般生產的增加。」

維克塞爾對貨幣理論的另一重大貢獻，是提出了利率影響的累積過程理論。他將貨幣因素引入均衡分析（這裡的均衡區別於以薩伊法則為基礎的瓦爾拉斯一般均衡），認為貨幣均衡的實現對經濟均衡起著決定作用。當實現貨幣均衡時，商品供求相等，價格穩定，儲蓄投資相等，實現充分就業。而實現貨幣均衡的條件則是貨幣利率與自然利率相等，貨幣利率是金融市場上的市場利率，可以認為是資金使用成本，自然利率可以認為是新形成資本的預期收益率。當自然利率高於貨幣利率時，企業家有利可圖，於是競相增加投資，擴大生產，促使原材料、土地、勞動力價格上漲，其所有者貨幣收入增加，而市場利率較低，因而貨幣收入不會用於儲蓄而是用於消費，促使消費品價格上漲，從而對資本品需求增加，價格上漲，市場利率上升。若貨幣利率高於自然利率時則反向發展。維克塞爾認為，只要貨幣利率與自然利率存在差異，這個循環就不會停止，直到兩者相等，實現物價穩定的均衡狀態，在這個過程中利率對價格水準的影響是累積的。他據此提出的貨幣政策主張是，銀

行利息率應該隨著物價的變動而變動，使貨幣利率與自然利率始終保持一致。

維克塞爾在西方經濟學發展中的重要地位，也正體現在他是反對薩伊法則，質疑資本主義經濟制度能夠自動實現均衡的先驅。他主張調節利息率，實現經濟均衡，這些主張是西方經濟學從自由放任主義向國家干預轉變的里程碑。

（3）凱恩斯的貨幣理論

凱恩斯在其著作《就業、利息和貨幣通論》中承襲了部分維克塞爾關於貨幣利率的觀點，強調「貨幣利率的重要性，是由三種特徵聯合產生的」。一是貨幣的生產彈性幾近為零，供給穩定；二是貨幣的替代彈性幾近為零，需求穩定；三是貨幣滿足靈活性偏好。凱恩斯的貨幣理論正是建立在其靈活性偏好理論的基礎上，以收入支出法替代了傳統的價格分析法，用以分析人們獲得收入之後的消費儲蓄抉擇。在分析過程中，凱恩斯發現人們持有貨幣主要出於三種動機，即交易動機、預防動機和投機動機。交易動機即此貨幣是為了日常交易活動而持有，凱恩斯認為這一需求與收入成正比；預防動機即此貨幣是為了意料之外的需求而持有，這一需求也與收入成正比；投機動機指人們根據自己對利率變化的預期而產生對持有貨幣和債券需求的變化。凱恩斯假設社會只存在兩種金融產品：貨幣和長期債券。債券價格和利率成反比，當人們預期利率下跌時（即債券價

格將上升），會選擇購買更多債券而減少貨幣持有；反之利率上升時，人們會傾向拋售債券，持有貨幣避免資產減值。因此凱恩斯認為，出於投機動機，對貨幣的持有直接取決於利率的變化，與利率負相關，與收入無關。

凱恩斯的貨幣理論摒棄了傳統貨幣數量論中關於貨幣流通速度為常量的設定，考慮了貨幣數量與投資、消費、收入、產量和價格的關係，他認為在貨幣數量對價格和產量影響的傳導過程中，利率起到了至關重要的作用。

第二次世界大戰後凱恩斯理論得到了進一步發展，以威廉・鮑莫爾和詹姆斯・托賓為代表的經濟學家更深入地研究了利率對貨幣需求的作用，對貨幣的交易、預防以及投機需求做出了更精確嚴謹的闡釋，認為貨幣的交易和預防需求也與利率有著負相關的關係。

(4）傅利曼的現代貨幣數量論

傅利曼的貨幣理論承襲了芝加哥學派的傳統：堅持自由主義思想以及重視貨幣理論的研究。傅利曼沿用並發展了劍橋方程式，還借助了貨幣數量論來分析解釋經濟現象。但是他對貨幣需求的學說卻更接近凱恩斯的觀點，其貨幣理論的一個重要發展就是受凱恩斯流動偏好理論的影響。傅利曼進一步發展了凱恩斯貨幣資產的觀點，建立了貨幣需求函數，從而得出結論：貨幣需求函數非常穩定，不會發生難以預料的變化；貨幣

需求與貨幣供應的影響因素相互獨立，因此貨幣供應是影響經濟波動的主要原因。據此，傅利曼提出應以貨幣存量或增長率作為貨幣政策的操作指標，政府只需完成固定的貨幣供應增長目標，其餘的任務交給市場機制進行調節，經濟就能平穩協調發展。

　　傅利曼與凱恩斯的貨幣理論主要有兩個方面的差異：一個是利率方面，凱恩斯認為利率是影響貨幣需求的重要因素，傅利曼則認為利率對貨幣需求幾乎沒有影響；另一個是關於貨幣需求函數的穩定性，與凱恩斯相反，傅利曼認為貨幣需求函數是穩定的，因而可以通過函數對貨幣需求進行預測。

　　傅利曼最終得出的結論認為，貨幣流通速度可以預測，貨幣數量是決定總產出的重要因素，這與傳統貨幣數量論的觀點相契合。

（5）理性預期理論

　　從20世紀70年代開始，以盧卡斯為代表的經濟學家將理性預期理論引入宏觀經濟模型，對經濟政策有效性進行評估。盧卡斯在其著作《計量經濟學的政策評價：一個批判》中，對傳統模型評估政策的有效性提出質疑，並指出公眾對於政策的預期也會極大地影響政策的實施效果。

　　理性預期的引入，對傳統經濟學模型產生了重要的影響。新古典宏觀經濟學模型在理性預期的前提下模擬了意料之外和

預期之中的政策的短期影響，得出了政策無效的結論，即預期之中的政策對經濟周期沒有任何影響，只有意料之外的政策才會影響總產出。

新凱恩斯主義模型則再一次採取了傳統經濟學模型和新古典宏觀經濟學模型的折中立場。它認為預期之中的政策能夠影響總產出，但是它又與意料之外的政策效果有區別，因此並不否定相機抉擇的穩定性作用。

(二) 貨幣政策規範：相機抉擇與規則

貨幣政策是中央銀行通過控制貨幣供給改善中國大陸經濟狀況的一種策略，其主要目標是維持物價穩定，也可以直觀地理解為控制通貨膨脹長期維持在較低水準的策略。另外，實現高就業，經濟增長，金融市場穩定，利率穩定以及外匯市場穩定也是貨幣政策的目標。中央銀行制定和實施貨幣政策時，通常會遵循某種準則或模式，這種模式被稱作貨幣政策規範。貨幣政策規範對一國貨幣政策的有效性有重要影響。貨幣政策規範大致有兩種類型：相機抉擇型和規則型。

相機抉擇和規則之間的爭議，從20世紀中期的凱恩斯主義貨幣理論就已經開始，至今已有一百多年的歷史。以凱恩斯主義學派為代表的經濟學家主張政府干預貨幣政策，支持「逆經濟風向」而動的相機抉擇。他們認為，當經濟出現未預料到的波動

時，指望經濟通過工資和物價水準自我調整而實現均衡，是一個非常緩慢且無效率的過程，會遭受巨大的產出損失。而以傅利曼為代表的貨幣政策規則支持者，則主張中央銀行在制定與執行貨幣政策時，應依照事先確定的操作政策工具的程式和原則來運行，會自動實現充分就業，消除通貨膨脹；政府相機抉擇的干預反而會對經濟復甦造成負面影響。

　　貨幣政策規則又可以分為兩大類。一類是目標規則與工具規則。目標規則有賴於經濟模型的設定，通過求解模型最優化問題而得出。該最優化問題是以通貨膨脹、產出缺口和名義利率為引數的目標函數，可以實現中央銀行的損失最小化目標。另一類是通貨膨脹目標制，就是現在比較常見的一種目標規則：央行以實現一定的通貨膨脹率為目標，並向外界公佈這個通貨膨脹率；並且，央行可以自由地選擇貨幣政策工具來實現其目標。以通貨膨脹為目標，能夠為貨幣政策提供一個明確的名義錨，體現了規則性和靈活性的高度統一。通貨膨脹目標制還是一種有效的承諾機制，它以一個固定的通貨膨脹區間作為貨幣政策的目標，能夠有效地穩定市場預期；而市場預期恰恰是決定貨幣政策實現目標能力的關鍵因素。工具規則一般是根據特定的貨幣政束工具設計的，最為著名的工具規則是泰勒1993年著眼於短期利率提出的泰勒規則。泰勒規則描述了短期利率針對通貨膨脹和產出變化而進行調整的規則：當產出缺口為正且通脹缺口超過目標值時，應該提高實際利率，反之則相

反。如果央行採用了泰勒規則，實際上是為貨幣政策的抉擇提供了預承諾機制，這樣就能有效解決貨幣政策抉擇中的時間不一致問題。

（1）相機抉擇

　　相機抉擇的優點主要在於其靈活性。面對時刻處於波動之中的經濟局面，相機抉擇可以及時做出決策，逆經濟風向而行，採取有效的貨幣政策調整供求關係，穩定物價。特別是在面對諸如20世紀80年代美國嚴重的流動性危機之類的突發事件時，固定的貨幣政策規則就更加顯得力不從心了。但是相機抉擇的劣勢也非常明顯，貨幣政策生效時滯的存在，使針對當前經濟形勢所做出的政策生效時，經濟態勢已經發生了重大的變化，之前的貨幣政策可能非但無法穩定經濟，反而會引起新的問題。正如傅利曼認為的，相機抉擇的反週期政策不僅不能起到穩定作用，甚至其本身就是導致經濟不穩定的一個原因。另外，在引入預期因素後，相機抉擇的另一個問題，還體現在其隨機性導致缺乏公信力。公眾對規則的信任往往比規則本身更重要，政策不能在公眾中形成確定的預期，會大大降低政策的有效性。

（2）規則

　　由於按規則行事的預期成本可能會抵銷其收益，直到1983

年中央銀行都未主動採取這種非積極的政策。與相機抉擇的優
點相對應，貨幣政策規則的缺點主要體現在缺乏靈活性，政策
失誤可能造成較大的交易成本，恢復過程漫長，難以應對突發
經濟波動等方面。而貨幣政策規則最主要的優點體現在其穩定
性，規則模式有助於穩定公眾預期，提升中央銀行的信譽，這
對貨幣政策的有效性有積極影響。高登（1983）和巴羅（1986）
在克蘭德、佈雷斯科特（1977）的基礎上發展了貨幣政策中的
「動態不一致」問題，認為理性個體能夠預期到政府有製造短期
通脹的激勵，則他們會調整自己的通脹預期，進而產生通脹偏
差的納什均衡結果。巴羅認為，只有實施貨幣政策規則，提高
政府信譽，才能解決通脹偏差問題。「動態不一致」問題是認為
貨幣政策規則優於相機抉擇的重要依據。

非傳統貨幣政策：應運而現

在2008年金融危機前，除日本以外，世界主要經濟體運用
的貨幣政策工具都比較單一，方式也基本趨同，主要是對短期
名義利率進行微調。而在金融危機後，全球面臨流動性缺乏和
需求不振問題，許多國家出現不同程度的通貨緊縮問題。在面
對名義利率下限約束的情況下，各種非傳統貨幣政策應運而生。

（一）非傳統政策：流動性寬鬆

　　非傳統貨幣政策，在某種程度上可以認為是在名義利率接近於零的情況下，貨幣當局希望進一步降低利率的替代性措施，以央行資產負債表調整為核心。在金融危機後，這個政策被美國、歐盟等發達經濟體廣泛使用並不斷發展，主要包括流動性操作、量化寬鬆、前瞻指引、負利率等（見表2.1）。

（1）流動性操作

　　為了緩解金融機構的流動性壓力，各經濟體央行紛紛增加對流動性工具的使用，並創設了新的流動性工具，這可以說是對公開市場操作的改進。2008年9月，美國、日本、英國和歐洲央行都大規模啟動了非傳統的寬鬆貨幣政策，推出多種流動性工具，擴大了金融機構合格抵押品範圍，同時延長了債券平均期限，擴大了交易對手範圍。美國聯準會還引入了短期拍賣工具（TAF）、一級交易商信貸工具（PDCF）、定期證券貸款工具（TSLF）等。有些央行還簽署了臨時性雙邊貨幣換協定，以滿足不斷增加的流動性需求，其中加拿大銀行、英格蘭銀行、日本銀行、歐洲央行、瑞士銀行和美國聯準會之間的貨幣互換臨時安排，在2013年10月轉變為常設安排。

表2.1　金融危機期間各經濟體央行採取非傳統貨幣政策總結							
政策類別		加拿大	英格蘭	日本	歐洲	美國聯準會	瑞典	瑞士
流動性操作	擴大合格抵押品範圍	V	V	V	V	V	V	V
	擴大對手方	V	V		V	V	V	
	展期	V			V	V	V	
	足額分配				V			
	貨幣互換	V	V	V	V	V		V
量化寬鬆	購買政府債券		V	V	V	V		
	購買私人債券		V	V	V	V		
前瞻指引	利率指引	V	V	V	V	V	V	
	量寬指引		V			V		
臨時信貸刺激計畫			V	V	V		V	
外匯干預								V
政策利率走廊管理			V	V	V	V		
存款便利負利率				V	V		V	V

資料來源：OECD（經濟合作與發展組織）。

（2）量化寬鬆

　　量化寬鬆表現為央行通過公開市場操作向市場注入超大規模的基礎貨幣，提高經濟環境中的貨幣供應量。有條件的低利率承諾以及政策承諾有時候無法獲得市場的信任，政策效果有限。此時，直接向銀行系統注入遠超傳統貨幣政策手段的基礎貨幣，能夠對資產價格和利率產生影響，進一步影響實際產出。量化寬鬆的手段，通常包括從商業銀行等金融機構購入國債等債券，大量購入私人債券，擴大央行信貸提供範圍，向市場提供直接信貸等。在金融危機前的2001年3月至2006年3月，日本就率先實施了第一輪量化寬鬆政策。在金融危機爆發後，美國、英國、歐盟等經濟體也相繼實施了量化寬鬆政策，以應對危機後不同程度的緊縮問題。

　　美國前後共推出四輪量化寬鬆政策。2008年9月雷曼兄弟倒閉後，美國聯準會迅速推出量化寬鬆救市。在隨後的三個月中，美國聯準會主要貸給附屬機構大量儲備，然後通過直接購買抵押貸款支持證券，創造了超過1萬億美元的超額儲備，標誌著第一輪QE的開始。此時商業銀行願意持有這些儲備，一是因為當時利率還比較高，銀行有利可圖。2008年10月法定準備金利率為1.4％，超額準備金率也有0.75％。二是在社會恐慌彌漫的情況下，向公眾和監管者表明，它們有充足的準備金來彌補損失貸款或其他流動資金需求。

　　2010年3月，美國聯準會第一輪QE結束，累計購買包括

1.25萬億美元抵押貸款支持證券（MBS）、1750億美元機構債券和3000億美元長期國債，共1.725萬億美元資產。由於2010年4月經濟資料開始令人失望，當年8月27日，伯南克在美國聯準會年會的演講中釋放了第二輪QE政策的訊號。11月3日，美國聯準會宣佈將於2011年第二季度前購買6000億美元長期國債，每月購債750億美元的大規模資產購買計畫於2011年6月結束。

面對股市慘澹、政府財務債務高企、通縮風險蔓延、經濟增長失速等昭示經濟復甦滯緩的情形，美國聯準會不得不祭出第三輪QE。2012年9月14日聯儲利率決議結束後，美國聯準會宣佈啟動第三輪QE，每月400億美元規模購入機構MBS，到年底結束共買入4000億美元國債。第四輪QE於2012年12月接踵而至，以每月採購450億美元國債替代「扭曲操作」，加上第三輪QE，每月購債規模共計850億美元。

美國聯準會這四輪QE政策，一方面通過大量購買長期美國國債，提高長期債券價格，引導中長期利率預期，維持低市場利率，增強投資者信心，刺激經濟；另一方面通過大量購買美國國債、抵押支持證券等資產直接向市場注入超額資金，維持低利率和創造新的流動性。美國聯準會QE政策取得不錯的效果，歐洲央行和日本央行雖然也多次實施QE甚至QQE（質化量化寬鬆）政策，但是效果不顯，從「寬貨幣」到「寬信貸」的傳導機制始終不暢。

（3）前瞻指引

　　前瞻指引是貨幣當局對未來貨幣政策的一種承諾，也是對公眾期望的一種引導。央行希望通過對家庭、企業、投資者做出未來貨幣政策的說明引導公眾產生未來利率將維持在較低水準的預期，從而維持穩定的通脹預期，避免利率產生對市場不利的波動。伍德福特（1999）等經濟學家認為，總需求更大程度上取決於對長期利率的期望，而長期利率則取決於對短期利率的預期。因此，當實施量化寬鬆政策後，公眾會產生高的通貨膨脹預期，此時前瞻指引可以給公眾一種短期內仍會保持較低利率的預期，從而影響短期經濟表現。前瞻指引若能充分發揮作用則會是一種良好的溝通手段，但是其前提條件是央行的承諾具有公信力，能夠有效引導大眾對經濟前景的預期，否則會適得其反。

　　前瞻指引在金融危機後被更為廣泛地使用，經歷了幾個階段的演進，從不設定時間只做定性描述的開放性指引（比如日本），到特定日期的指引（比如加拿大），再到現在的經濟門檻條件式指引（即經濟狀況達到某個水準前維持一定利率不變，比如現在的美國聯準會）。

（二）極端貨幣政策：突破零下限

　　以美國聯準會以及歐洲央行為代表的經濟體，通過實施極

度寬鬆的貨幣政策增加流動性，希望以此刺激金融危機後持續
疲軟的經濟。雖然極端的非傳統貨幣政策可以突破傳統貨幣政
策零利率下限的限制，短期內對經濟產生更強有力的刺激，但
是持續的超低利率和極度寬鬆的貨幣政策長期來說可能破壞金
融穩定，引起政府道德風險問題，給經濟發展積累更多隱患。

　　英格蘭首席經濟學家霍爾丹在其文章中總結了三種緩解利
率下限約束的貨幣政策：提高通脹目標、實施非傳統貨幣政策
和對現金徵稅。作為對現金徵稅的替代措施，負利率在全球的
適用範圍越來越廣，並且有進一步擴大的趨勢。丹麥是全球第
一個實施負利率的國家，它在2012年率先將其金融機構存款利
率降至-0.75％，之後歐洲央行、瑞士央行、瑞典央行、日本央
行相繼實施了負利率政策，這些經濟體在實施負利率政策的同
時幾乎都輔以量化寬鬆、外匯干預等措施進行配合。不同經濟
體實施負利率的動機有所不同，就歐洲和日本這樣的大經濟體
來說，負利率的作用主要體現在刺激消費與投資並提高通脹率
方面。總的來說，負利率政策的主要目的有兩個：一個是抑制
通貨緊縮，增加流動性，刺激投資和消費，從而促進經濟發
展；另一個是減緩本幣升值壓力，提升出口競爭力。

　　負利率作為極端貨幣政策的一個典型，其本質相當於對流
動性徵稅。國際貨幣基金組織的報告也認為，負利率政策存在
一定的安全隱患。然而，隨著歐洲央行和日本不斷延長的負利
率期限以及還在不斷降低的利率，負利率很可能在全球範圍內

被更普遍地使用。長期維持負利率和量化寬鬆等極端的貨幣政策會產生如下問題。一是極端貨幣政策的實施可能減損政府的公信力，會被認為是在消耗未來動用政策的空間，也會被認為央行在刺激經濟復甦的手段方面已經彈盡糧絕。二是持續降低的利率可能會增加資本的風險偏好，同量化寬鬆政策帶來的資產價格泡沫一起進一步破壞金融系統的穩定性。三是利率作為資金的價格，本來應該促使資金流向利用效率更高的主體，但是人為地將利率調控至負數會讓資金利用效率低的投資主體有機可乘，降低資本配置效率。四是一國或地區極端的貨幣政策可能造成「以鄰為壑」的問題，即本身沒有受到危機衝擊的國家會因為各主要經濟體的負利率政策而面臨本幣匯率升值的壓力，繼而選擇在短期採取不適合自身的低利率政策，卻在長期造成經濟失衡。同時，當全球市場形成極端貨幣政策的慣性時，對其進行校準，回歸至均衡態勢的變革將越發艱難。五是銀行的利潤空間收窄，保險公司與養老金將受到衝擊，可能導致金融風險，負利率下的高風險偏好投資還可能進一步引發系統性風險。

隨著2008年金融危機後美國聯準會實施量化寬鬆，美國經濟開始呈現復甦態勢。從2013年12月伯南克宣佈縮減美國聯準會購債規模開始，美國聯準會逐步部署其退出量化寬鬆的政策。然而不難想像，實施貨幣政策時採取的手段越極端，回歸正常化的道路就越崎嶇。美國聯準會寬鬆貨幣政策的退出，在

歷史上曾引發多次經濟危機，每次緊隨超寬鬆貨幣政策而來的
加息，都帶來了金融市場的劇烈波動（見表2.2）。

　　美國退出量化寬鬆對本國的風險表現如下。第一，美國退
出量化寬鬆會對本國的產出造成直接影響。比如，利率上升會
減少外商在美國的投資和借貸，降低中國大陸產出，影響中國
大陸就業；再如，匯率上升會減少美國的出口，降低美國的經
濟競爭力，進一步影響產出和就業。第二，退出量化寬鬆將影
響美國經濟復甦。美國經濟正處於緩慢復甦階段，增長基礎不

表2.2　美國聯邦基金利率變化及危機情況		
升息週期	實際利率變化	其間發生危機
1974年12月—1982年3月	-8.22%~9.9%	1982年拉美主權債務危機及隨後長期慢性發作的美國儲蓄與貸款協會危機
1993年4月—1998年6月	-0.6%~5.44%	1994年底墨西哥金融危機1997—1998年東南亞金融危機、俄羅斯債務危機
2004年3月—2006年10月	-1.88%~3.90%	2007年美國次貸危機及隨後演變為國際金融危機

資料來源：管濤，陳之平. 美國聯準會退出量化寬鬆貨幣政策與金融穩定〔J〕. 國際經濟評論, 2014（06）。

穩，無法確定其是否建立在資產價格上漲的財富效應之上，在
未確定經濟基本面向好的時候激進加息，可能會對本就緩慢的
經濟復甦造成二次打擊。

　　美國退出量化寬鬆對其他國家的風險表現如下。對新興經
濟體來說，強勢美元的再度出現，會使新興經濟體貨幣大幅貶
值，資本從新興市場國家抽離，流入美國。同時以美元計價的
大宗商品價格也將下降，這對以出口初級產品為主的發展中國
家來說更是重大打擊。對主要發達國家來說，美國率先退出量
化寬鬆會造成各國經濟週期步調差異的進一步擴大，歐洲和日
本仍在繼續實施寬鬆的貨幣政策對抗通縮，美國聯準會的加息
會對其他國家寬鬆貨幣政策的效果產生影響，歐洲、日本的貨
幣政策也會對美國聯準會的緊縮政策產生一定影響，使各國利
率匯率的變化更加難以預料，增加全球金融市場的不穩定性。

「央行崇拜」：冰川解凍

　　多次出現的金融危機，讓市場越來越相信中央銀行刺激經
濟增長的調控能力。長期以來，市場對「央行崇拜」的狀態一直
存在，主要是指中央銀行在極端情況下可以通過無限增發貨幣
干預債券市場，從而盯住長期利率，直至就業和經濟增長達到
理想水準。這樣一種對於貨幣政策的過度依賴，以及對於發達

國家央行的盲目崇拜，使以負利率為代表的極端貨幣政策在全球受到更多的關注。但沉迷於極端貨幣政策帶來的暫時繁榮，只會讓人更加忽視實體經濟中存在的結構性問題，無異於飲鴆止渴。因此，需要謹慎採用極端貨幣政策，需要對本國的經濟發展問題以及國際環境進行全面的考慮和衡量。

（一）負利率政策：水漲陸沉

　　央行通過調整利率來調節貨幣資金的供求，以實現促進經濟增長、增加就業、穩定物價、保持國際收支平衡等四大目標。各國實施負利率政策的目標，也不外乎刺激總需求、實現通脹目標等方面。央行希望通過降低利率鼓勵銀行放貸，促進企業投資，鼓勵借貸，刺激民眾消費。這在理論上是成立的，在實施中也是有可行性的。但是，央行的政策目標能否通過利率傳導機制在現實中達成呢？

　　負利率政策傳導的有效性主要依賴於以下兩點。第一，中央銀行通過對（超額）準備金收息擴大商業銀行的流動性，從而間接擴大經濟流動性供給。但是出於防範擠兌和對銀行信譽、競爭力等方面的考慮，商業銀行往往不願意將負利率傳導至儲戶和企業等經濟個體。因此，以商業銀行為仲介的流動性輸出目的就很難通過負利率政策得以實現。第二，中央銀行直接購買政府、企業和家庭的資產，直接對企業和投資者提供貸款，

實現向市場提供流動性的目標。只是這樣的貨幣政策只能決定
貨幣的供給端，對於需求端則有些有心而無力，若企業沒有增
加投資的意願，消費者沒有增加消費的意願，政策目標就難以
實現。

　　目前出現負利率政策的時間還不長，效果還沒有完全顯
現，各方對於負利率政策的有效性態度不一。國際貨幣基金組
織在2016年4月的報告中肯定了負利率在提振需求和支撐物價
穩定方面的作用，儘管負利率會帶來銀行盈利能力下滑，增加
金融市場未知變數等問題，但是其擴大的需求會讓銀行從更高
品質的信貸中獲益，總體來說負利率政策利大於弊。而國際清
算銀行則傳達了不同的聲音，在其2016年第一季度的報告中，
對當時實施負利率政策的四個國家的動機、方式以及政策的傳
導機制等問題進行了分析，認為負利率難以傳導至零售存款，
因而難以對市場產生有效作用，反而會損害銀行業的盈利；長
期實施負利率政策，還會對債務週期較長的保險公司和養老金
造成更劇烈的衝擊。

　　就政策的現實操作效果來看，由於各個國家的政策目標不
盡相同，因此對於它們實施效果的評價，各自也有所側重（吳秀
波，2016）。丹麥和瑞士的目標主要是保持本幣匯率穩定。丹麥
在2012年首推負利率後，在2015年一個月內四次降息，使資本
流入趨於平穩，成功保持了匯率穩定，同時較大幅度提升了通
貨膨脹水準。而對外依存度很高的瑞士，則沒能利用負利率保

持匯率的穩定。瑞士曾在2011年設置了歐元兌瑞士法郎1 1.2
的下限，阻止瑞士法郎升值，然而在2014年歐洲央行實施負利
率和量化寬鬆政策後，面對大量湧入的歐元，瑞士央行最終不
得不取消匯率管制，瑞士法郎兌歐元立刻大漲，超過20％。

　　瑞典和歐洲的主要目標是提振物價水準，瑞典成功利用負
利率和量化寬鬆政策使物價平穩上漲，但是歐洲央行卻沒能做
到——歐洲的通貨緊縮和銀行借貸問題的根源在於其經濟增長
的結構性問題，難以通過激進的貨幣政策解決。但是，得益於
美國聯準會宣佈退出量化寬鬆和其加息預期，歐洲央行在穩定
匯率方面較為成功。

　　日本的需求較多，既想實現物價上漲，又要壓低日元匯
率。同時，日本的經濟情況也很複雜，正陷入低利率、低通
脹、低增長的「流動性陷阱」。2001年以來，日本已實施了十多
輪量化寬鬆，但是都收效甚微，其精心設計的「三級利率體系」
也無法將其匯率和物價拉出泥淖，日元兌美元匯率不降反升，
2016年第一季度漲幅達到11％。並且，日本股市也依舊低迷，
債市波動率卻屢創新高。

（二）如何看待負利率的實際效用

　　從理論上來說，負利率能夠起到降低市場利率、增加市場
流動性、提升資產價格、緩解政府債務負擔的作用。但是從歐

元區和日本央行實行的負利率政策效果來看，它對於提振經濟的作用似乎並沒有達到政策制定者的預期。所以，應該更加清醒地看待負利率作為一種非常規貨幣政策對不同經濟體的作用，做到「對症下藥」。

首先，不能盲目依賴和濫用貨幣政策。以量化寬鬆為例，在經濟危機後，美國、歐洲和日本都實施了量化寬鬆政策，但是效果卻迥然不同，現在看來美國的效果遠遠好於日本和歐洲，這不僅源於美國聯準會對於經濟危機和全球金融市場的精準把握，更因為其對本國經濟結構有深刻瞭解，所以美國能夠適時地推出和退出量化寬鬆提振經濟。美國的幾輪量化寬鬆具有明晰的政策邏輯。按照伯南克的表述，就是通過量化寬鬆降低長端利率，從而激勵投資者從高等級債券市場轉向權益和房地產市場，提升後者的資產價格，進而增加民眾財富和消費，提振經濟（馮明，2016）。在基本實現其提升物價、刺激消費、改善就業的目標後，美國於2014年10月29日及時停止了量化寬鬆計畫。

相比之下，日本自2001年以來，實施了十多輪的量化寬鬆，不僅始終不見成效，反而越來越深陷極端貨幣政策無法自拔。究其原因，就在於美國的經濟自身是存在彈性的，使用寬鬆的貨幣政策可以給經濟復甦創造時間和環境。而制約日本經濟發展的主要障礙是結構性問題——缺乏創新能力、找不到經濟增長點、企業僵化、人口老齡化等——這些當然不是單靠貨

幣政策就能解決的。

其次，負利率等貨幣政策能否對經濟產生有效影響的關鍵，在於其傳導機制能否將資金帶入實體經濟。從實體經濟回報率角度來看，由於歐洲和日本的實體經濟回報率過低，因此在央行釋放大量流動性進入市場後，流動性並未進入信貸管道，而是重新回到央行帳戶，沉澱為超額準備金／存款便利（孫彬彬，2016）。從市場融資體系來看，美國以直接融資為主的發達融資市場，可以使寬鬆貨幣政策提供的流動性更容易傳導到不同風險構成的資產上，企業也可以及時找到風險偏好相符的投資者，資本配置效率很高。相比之下，日本和歐洲的企業對外融資主要通過銀行等仲介機構貸款。根據歐洲央行的資料，歐洲企業融資總量中，銀行等間接融資占80％以上，股票、公司債券等直接融資僅占10％（余華莘，2016）。

再次，經濟復甦的重點還在於結構性改革。就像麻藥只能暫時抑制或短時緩解疼痛一樣，寬鬆的貨幣政策只能對經濟危機起到緩解作用，只能短時間內抑制危機的爆發，它的作用應該是為結構性改革贏得更多的緩衝時間。當市場過度關注貨幣政策時，往往會忽略實體經濟真正應該解決的問題——如何通過結構性改革提高經濟增長率和生產率。同時，貨幣政策的邊際效用遞減，將極端貨幣政策常態化，不僅減弱了對經濟刺激的作用，而且貨幣政策本身還會帶來很多問題，極端貨幣政策的弊端也非常明顯。

　　應該更加理性地看待近年來方興未艾的負利率、量化寬鬆等貨幣政策。在借助它們對於經濟的刺激作用時，應該視各國經濟結構而定，不能盲目跟從發達國家央行的政策主張。同時應該認識到，儘管負利率政策對於短期金融危機有一定的化解能力，但是長期經濟增長只能依靠經濟本身的活力，因此結構性改革至關重要。

負利率與儲蓄

理性人的儲蓄量應該與利率成正比。

——亞當・斯密（英國經濟學家）

　　貨幣除了擁有價值尺度的職能之外，其儲藏職能與經濟增長息息相關。從發展經濟學角度看，儲蓄是經濟增長的重要原因，出人意料的是，在一些實施負利率政策的經濟體中，儲蓄不減反增。因此，需要結合行為金融學相關理論，對負利率條件下的非對稱儲蓄行為進行研究和解釋。

儲蓄行為及理論

（一）貨幣儲藏職能

　　貨幣的職能是貨幣本質的體現，它是在商品交換過程中被創造出來服務於商品經濟的，並且在這個過程中不斷被完善、被賦予新的職能。貨幣有五項主要職能，即價值尺度、流通手段、儲藏手段、支付手段和世界貨幣。其中，儲藏手段是在價值尺度和流通手段這兩個基本職能的基礎上衍生出來的。

　　貨幣的產生使買賣可以不同時進行，而正是買賣時間的分離，給貨幣退出流通領域、成為儲藏手段提供了基礎。貨幣的儲藏手段相當於為經濟提供了一個蓄水池：當流通中需要的貨幣量過多時，多餘的貨幣會自動退出流通，成為儲藏貨幣；當流通中的貨幣量不足時，儲藏貨幣會自發地進入流通領域。這樣，儲藏貨幣維持了商品流通中貨幣供求的平衡。因此，儲藏

貨幣的第一個必要條件是具有流通性。貨幣之所以能夠具有儲藏功能，是因為貨幣是一般財富的代表，持有貨幣相當於持有一般購買力，因此作為儲藏手段的貨幣購買力必須保持穩定，這是第二個必要條件。

除了金屬貨幣以及紙幣等傳統流通貨幣外，股票、債券之類的信用貨幣也可以承擔儲藏的職能。但這些有價票券與貨幣相比，信用貨幣流動性略遜，並且有流動成本，價值穩定性也較差。因此作為儲藏手段，它們具有較大的風險性。同時，信用貨幣作為儲藏手段時，無法調節貨幣流通和物價實現自動均衡：在金屬貨幣作為主要流通貨幣時，人們面對物價上漲會選擇囤積貨幣等待物價回落，並且對於金屬貨幣的「囤積」確實能減少流通中的貨幣數量，因此物價會回落；而在信用貨幣作為主要流通貨幣時，人們面對上漲的物價，會盡可能多地購買商品，減少貨幣持有。即使「囤積」貨幣，也會選擇銀行存款或各種形式的股票債券，這反而會增加流通中的貨幣。因此其自我平衡的機制就無法實現，這時就需要貨幣當局進行宏觀調控。

(二) 儲蓄理論與影響因素

西方儲蓄理論的發展都是圍繞當時的經濟問題展開的，以凱恩斯對儲蓄理論的「革命」為分界點，分為早期儲蓄理論和近代儲蓄理論。

（1）早期儲蓄理論

18世紀初，資本主義國家開始了產業革命，當時面臨的主要問題是資本稀缺。因此，以亞當‧斯密、馬爾薩斯為代表的經濟學家辯論的焦點集中在「節儉是非論」，即增加儲蓄能否促進資本積累。亞當‧斯密在《國富論》中指出，節儉有益於經濟增長。他的儲蓄理論著眼於收入在多大程度上能轉化為儲蓄，而沒有考慮到儲蓄轉化為投資的過程。馬爾薩斯認為，儲蓄的性質是「儲蓄部分收入來增加資本」。他認為儲蓄應該控制在一個合理的限度之內，過度的儲蓄會限制需求。19世紀初，出現了資本品和消費品過剩的問題，從而將儲蓄理論的探討焦點集中在了儲蓄數量問題上。最開始是曼德維爾提出了過度儲蓄論，在其充滿爭議的著作《蜜蜂的寓言》中提出，「私人的惡德即公共的利益」。他認為國家的繁榮只有順應人們利己的本性才能夠實現，過度儲蓄或者節儉對於個人是美德，但對於國家卻是災難。霍布森在《帝國主義》一書中以過度儲蓄的負面影響為突破口，分析了經濟危機產生的原因和解決的辦法，隨後是馬爾薩斯等將其進一步發展完善。

（2）近代儲蓄理論

維克塞爾（Knut Wicksell）的儲蓄投資理論

20世紀初，資本主義經濟經歷了將近20年的物價大幅度波動和經濟衰退，於是儲蓄理論開始將儲蓄與投資和消費相聯

繫，維克塞爾的儲蓄投資理論就是在這種背景下產生的。維克塞爾是第一個將儲蓄與投資聯繫起來的經濟學家，他在1906年的《國民經濟學講義》一書中提出了貨幣均衡論和儲蓄投資理論，為其後儲蓄與投資的研究奠定了理論基礎。

維克塞爾的貨幣均衡理論認為，只有當自然利率等於貨幣利率，儲蓄等於投資時，才能夠達到收入與支出均衡的狀態。銀行可以通過調整利率改變儲蓄量，從而調節儲蓄與投資的關係。對於利率與儲蓄、投資的關係，維克塞爾也有了新的觀察視角，他把儲蓄看作借貸資本的供給，把投資看作借貸資本的需求，而利率就是調節兩者至均衡的媒介。

凱恩斯的絕對收入假說

20世紀30年代，資本主義世界爆發經濟危機，學界開始將儲蓄與有效需求不足聯繫起來，在此期間誕生了凱恩斯的以收入支出為中心的儲蓄投資理論。凱恩斯的絕對收入假說是西方儲蓄理論的重要組成部分。絕對收入假說闡述了影響民眾收入的最主要因素是當期實際收入。在1930年的《貨幣論》中，凱恩斯第一次給儲蓄、投資做出了明確的定義，認為儲蓄是個人貨幣收入與本期消費的貨幣之間的差額。當時他的理論核心仍然是古典學派宣導的穩定物價。受1930年資本主義經濟危機的影響，凱恩斯認識到當時的經濟問題已經從穩定物價轉向刺激投資、創造就業，因此在其1936年所著的《就業、利息和貨幣通

論》中，凱恩斯放棄了以價格分析為核心的古典學派理論，創造了以收入產出為中心的貨幣理論。

　　凱恩斯理論的基石是儲蓄投資恒等關係。他對傳統儲蓄理論的實質改革也體現在其主張的投資決定儲蓄的理論中。這一理論的兩個基礎原理是消費儲蓄的心理法則和投資乘數原理。消費儲蓄的心理法則從人的心理規則出發，認為隨著人們收入的增加，消費也會增加，但是消費增加的幅度小於收入增加的幅度，這一規律即邊際消費傾向遞減規律（也叫邊際儲蓄傾向遞增規律）。投資乘數是收入與投資之間的比例關係，以表示邊際消費傾向，代表邊際儲蓄傾向，K代表投資乘數：

$$K = \frac{1}{1 - \dfrac{\Delta C}{\Delta Y}}$$

　　由此可以看出，邊際消費傾向越大，投資乘數越大，增加少量投資就可以產生數倍的就業和收入。因此凱恩斯極力主張以刺激需求、增加消費的辦法來解決經濟蕭條。

　　凱恩斯的絕對收入假說，為西方儲蓄投資原理做出了重大貢獻，對解決當時的大蕭條也有積極作用。但是，他提出的邊際消費傾向遞減規律，卻在之後的實踐中受到質疑。1946年，庫茲涅茨通過研究美國長期消費函數發現，當長期消費與收入

的比例為常數、邊際消費傾向大致等於平均消費傾向時，並不呈現遞減趨勢。與凱恩斯的論斷相矛盾，這個提法被稱為「消費函數之謎」。之後，許多經濟學家開始不斷探索消費與收入長期的關係表現。

杜森貝（James Stemble Duesenberry）的相對收入理論

杜森貝對凱恩斯的絕對收入理論做出重要補充，提出相對收入理論。杜森貝在其《收入、儲蓄和消費行為理論》一書中提出：一個人的消費效用函數不僅受到自身收入的影響，而且會受周圍人效用函數和消費習慣的影響，這就是消費過程中的「示範效應」。消費者的消費支出不僅受到當前收入的影響，而且受過去收入的影響，因為消費者容易隨著收入的增加而提高消費水準，但在收入減少後的短期內卻不容易降低之前形成的消費水準，從而產生有截距的短期消費函數，這種特點被稱為「棘輪效應」。

傅利曼的持久收入假說

傅利曼在1957年的《消費函數理論》一書中，對凱恩斯的絕對收入假說做出了補充和修正，將絕對收入假說中收入變數的內涵從只包括現期收入擴展到持久收入的概念，傅利曼認為無論是在短期還是長期，消費與收入的比例都是固定的。傅利曼將收入分為持久收入和暫時收入兩類。持久收入是消費者可

以預期的，在未來可以穩定的、可以長久獲得的收入；暫時收入是帶有偶然性質的收入，具有非連續性及暫態的特點。與此相對應的是暫時消費和持久消費的概念。傅利曼認為，消費者做出消費決策的主要依據並不是現期收入，而是未來可以預期到的持久收入。這可以解釋在經濟衰退時，有些消費者儘管現期收入減少但消費支出並未減少的現象，因為消費者對未來的收入有良好的預期。

莫迪格裡安尼（Franco Modigliani）的生命週期理論

　　莫迪格裡安尼的生命週期理論，將消費者現期的消費儲蓄決策放在一生的長度中考慮，取決於現期收入、預期收入、原始資產和年齡。他認為，理性的消費者為了得到一生效用的最大化，會在每一個時期平均使用一生的總收入，因此消費者在少年時期儲蓄為負值，壯年時期儲蓄為正值，老年時期儲蓄又是負值。所以在短期內，消費者收入低於零時仍然可以由負儲蓄維持其消費，只要在長期中消費者的收入、消費和儲蓄能實現效用最大化即可。莫迪格裡安尼強調，消費者在不同時期儲蓄傾向不同，年齡是影響儲蓄的因素，同時他還強調人口和收入的增長對全社會儲蓄的影響。相比於凱恩斯的絕對收入假說認為現期收入是決定儲蓄的主要因素，生命週期理論更加接近現實，因而被廣泛運用。

（3）儲蓄的影響因素

　　以上儲蓄理論主要闡述了各種收入因素對儲蓄的影響。從近代西方儲蓄理論的實證研究中還可以發現，收入因素對民眾儲蓄的影響，在越長期的時間範圍內越顯著，而在短期內，民眾的儲蓄傾向受非收入因素的影響更加顯著。

　　首先是利率因素。根據古典經濟學理論，儲蓄應該是隨著利率的升高而增加的，因為利率的高低決定著儲蓄的收益。但是在現實生活中我們不難發現，儲蓄與利率的波動不總是同方向，有時甚至會出現相反的變化趨勢。對此，近代西方經濟學家給出的解釋是，利率變化會對儲蓄產生收入效應和替代效應兩方面的影響。收入效應是指，隨著利率提高，人們儲蓄獲得的收入也會提高，從而更願意增加消費，減少儲蓄。替代效應是指，利率提高會讓民眾有動力用儲蓄替代消費。因此，利率提高對儲蓄的影響要看兩個效應的綜合影響。

　　其次是價格因素。物價水準變動和對未來價格的預期，都會影響民眾的儲蓄。值得一提的是，在物價水準上升初期，人們容易陷入貨幣幻覺；當物價和工資水準同比例上升時，人們往往只注意到名義收入的上升，而容易忽略實際收入並沒有改變這一點。因此在短期內，物價和工資同比例上升，會造成消費和儲蓄的提高。

　　再次是經濟增長。從理論上說，民眾儲蓄的增加會為信貸市場提供大量的投資資金，從而促進經濟增長，提高民眾收入，

進一步提高儲蓄。因此經濟增長和儲蓄的關係是相互促進的。

　　最後，稅收因素、人口因素、收入分配因素等也會對民眾儲蓄產生影響。例如，稅收高會影響民眾的可支配收入，因此一般來說稅率與儲蓄反向變動。莫迪格裡安尼的生命週期理論認為，不同年齡的民眾儲蓄率不同，因此民眾年齡分佈也會影響儲蓄率。

儲蓄、投資與過剩

（一）儲蓄與經濟發展

　　經濟因何發展，是幾百年來理論界和實務界力求回答的問題。基本達成的共識是：要素和制度是發展的主因；其中，儲蓄和投資是經濟發展的首要因素，與技術進步、勞動力資源等一起，在制度要素的影響之中發揮作用。

　　通俗地說，經濟增長的本質，是把今天的消費節省下來形成儲蓄，進而結合其他資源導入到投資，從而在明天生產出超過投資的產出，形成收入。所以，如何增加儲蓄並提高投資的效率，是經濟增長的核心問題。

　　20世紀30年代經濟大蕭條後，經濟學家的研究重心從穩定物價轉向刺激投資與需求，解決經濟增長問題成為大蕭條後重

建經濟的關鍵。因此在現代經濟理論中，對儲蓄和投資的關係，以及對經濟增長的作用論述較多。

　　一般而言，儲蓄和投資被認為是伴生的要素，較高的儲蓄往往帶來較高的投資，而較高的投資能夠促進經濟的增長。多項實證研究表明，投資與一國GDP的增長存在顯著的正向關係。聯合國開發計畫署2005年發佈的《人類發展報告》，對全球112個國家（地區）近30年（1975—2003）投資與GDP增長的關係做回歸分析，認為投資每增長1個百分點，GDP增長率將提高0.13個百分點，相比於這些經濟體對應期間平均GDP年增長率1.33%，投資的貢獻相當顯著。

　　但是我們必須了解，高投資並不直接等同於高增長，而且高儲蓄並不簡單等同於高投資。儲蓄要有效轉化為投資，需要一個良好的金融市場和系統作為仲介，從而將民眾分散的儲蓄，引導和集中到有價值的投資項目上。同時，一國經濟的市場化程度、政治穩定、產權保護、稅收與營商環境、通脹水準等，也都會影響儲蓄者的積極性和投資者的信心。

　　理論界對經濟增長做了很多研究，其中以哈樂德（Roy Forbes Harrod）的實物增長理論，以及托賓（James Tobin）和索洛（Robert Merton Solow）的新古典增長理論最為引人注目。

（二）實物增長理論與新古典增長理論

（1）實物增長理論

哈樂德的實物增長理論，是最早準確地闡述古典經濟增長理論的模型。他的模型建立在以下幾個假定的基礎上：全社會只生產一種產品；生產中只使用資本和勞動兩種生產要素；資本與勞動的比例固定不變；規模收益不變；不存在技術進步，也不考慮基本折舊。在此基礎上，哈樂德認為，儲蓄是一個動態的概念，是推動經濟增長的動力或槓桿。經濟在儲蓄的作用下，處於不斷變化的過程之中。這種變化被他稱為經濟增長率。在原始模型中，他根據儲蓄的不同作用，把經濟增長率分為實際增長率（G）、保證增長率（Gw）和自然增長率（Gn）。

$$實際增長率\ G = \frac{收入中的儲蓄比例}{資本係數}$$

哈樂德認為，在非充分就業情況下，經濟從一個均衡過渡到另一個均衡，必須靠儲蓄來推動，一旦實現均衡，儲蓄必然等於投資。（「資本係數」即同一單位時間內的資本增加量除以這個時間內生產出來的貨物的增量）

$$保證增長率\ Gw = \frac{人們願意儲蓄的金額佔收入的比例}{意願的資本係數}$$

哈樂德認為人們願意儲蓄的量決定經濟增長。

$$自然增長率\ Gn = \frac{人口增長技術進步下的儲蓄率}{人口增長技術進步下的資本係數}$$

自然增長是在充分利用人力和技術進步等資源的前提下經濟能夠實現的最大增長率，這取決於人口增加、技術進步和資本積累。

因此，哈樂德的經濟增長模型是建立在凱恩斯儲蓄投資指導的理論基礎上的。一個國家一定時期內的儲蓄只有全部轉化為投資才能實現經濟的均衡增長。當資本係數既定時，調節儲蓄率可以改變經濟增長率；政府可以通過使用財政貨幣手段來調節儲蓄率，也可以利用外資；若無法改變儲蓄率，只能通過改進生產方法和技術進步來提高生產率。

（2）新古典增長理論

托賓作為新古典綜合學派的代表人物，認為哈樂德的實物增長理論因為忽略了貨幣在經濟增長中的重要作用而有缺陷。因此在1955年的《動態總體模型》一文中，托賓第一次將貨幣因素加入經濟增長模型，又在1965年的《貨幣與經濟增長》一文中進一步探討了不同儲蓄形式和貨幣因素對經濟增長的作用。托賓認為，在個人可支配收入中用於儲蓄的收入比例既定的情況下，自然貨幣經濟中的儲蓄總額要大於實物經濟中的儲蓄總

額。但是由於總儲蓄包括現金儲蓄和實物儲蓄兩部分，而真正能促進經濟的是實物儲蓄，因此在貨幣經濟中總儲蓄的增長並不意味著儲蓄對經濟的作用變大。在貨幣經濟模型中，政府可以通過適當的貨幣政策改變資本密集度來促進經濟發展，這體現了引入貨幣的積極作用。

索洛的新古典增長理論以柯布-道格拉斯生產函數為基礎，推導出一個新的增長模型。該模型修改了哈樂德模型中資本與勞動不可替代的假設，還假設技術水準不變，規模報酬不變，儲蓄率外生。索洛認為，資本主義經濟中存在一條穩定的均衡增長路徑，從任何一點出發，經濟都會向均衡增長路徑收斂。儲蓄率對人均產出水準有顯著影響，通過調節儲蓄率可以實現人均最優消費和最優資本存量的「黃金率」增長。但是，儲蓄率的變化對增長率只有短期的影響，只有技術進步才能夠帶動人均產出的永久性增長。

（三）全球儲蓄過剩與低增長悖論

儲蓄作為國民經濟運行的重要組成部分，對經濟發展無疑起到了推動作用。但是儲蓄是否越多越好呢？負利率時代的儲蓄，是否會因為收益因素不再增加呢？當前從全球看，儲蓄總體過剩，表明投資的源泉並不匱乏，但經濟增長總體水準也極為緩慢。這一悖論是否長期存在，能否有效破解？

　　大量儲蓄資金給金融體系帶來機遇的同時，也帶來巨大的挑戰。中國是世界上儲蓄率最高的國家之一。資料顯示，中國大陸儲蓄率從2000年的35.6％飆升至2008年的51.8％，增加了16.2個百分點。根據國際貨幣基金組織（IMF）的統計資料，2017年中國儲蓄率為47％，遠高於26.5％的世界平均儲蓄率，也高於發展中經濟體和發達國家的平均水準。從中國人民銀行公佈的資料看，中國大陸存款增速仍然較高，2019年第一季度，民眾部門新增存款規模創下近幾年來新高。第一季度住戶存款餘額為77.6654萬億元，同比增速為13.1％。中國大陸民眾儲蓄率更是遠高於發達國家。據統計，在OECD國家中，2016年民眾儲蓄率最高的三個國家分別為瑞士、瑞典和墨西哥，其數值分別為18.79％、16.02％、15.45％，這一年中國大陸民眾儲蓄率則高達36.1％。

　　美國經濟分析局公佈的資料顯示，2018年底，美國民眾儲蓄率為7.6％。近十幾年，美國民眾儲蓄率都在3％~9％徘徊，2005年為最低點3.2％；2008年國際金融危機後，美國民眾儲蓄率緩慢上升，2012年達到最高點8.90％。

　　在負利率狀態下，如果金融市場仍在以間接融資體系為主的背景下，那麼過度儲蓄帶來的問題就更需要引起我們的注意。

　　第一，儲蓄過剩意味著民眾消費的低下，國民經濟存在有效需求不足、經濟增長缺乏內生動力的問題，長此以往不利於民眾的收入保持長期穩定增長。第二，商業銀行持有大量儲蓄

必然要尋找投資管道，這會讓大量資金湧入證券市場和房地產市場，造成資產泡沫和房價高漲的問題，不利於國民經濟的長期穩定發展。第三，民眾儲蓄的快速增長會導致微觀層次的直接投資下降，宏觀上不利於國民經濟的增長。

在金融危機發生以前，全球儲蓄額已經開始出現高速、顯著的增長，反映出私人投資疲軟、公共投資削減、生產率增長趨勢放緩等問題。隨著石油價格的上漲以及新興經濟體積累外匯儲備的增加，全球儲蓄進一步增加。其後一段時間內，新興經濟體在後危機時代表現出的強勁需求，一定程度上抑制了儲蓄過剩帶來的問題，但是隨著新興經濟體需求的逐步疲軟，全球儲蓄過度帶來的問題不斷顯現。

儲蓄過剩也可以描述為投資不足，當過多的貨幣追逐過少的投資機會，一方面，會造成一些地方的消費過剩。特別是對於少數高收入國家來說，比如美國，美國人的家庭儲蓄和支出彈性大，廉價的貨幣會激發更多的消費欲望，容易造成物價被過度哄抬的現象，長時期穩定的經濟增長會讓人們面對低名義利率、低實際利率和低通脹時有充足的信心進一步擴大信貸。另一方面，美國相對有利可圖的投資機會也會進一步吸收全球過剩儲蓄，產生更大的財務赤字。

另外，過度的儲蓄會弱化宏觀經濟政策的影響，貨幣政策對經濟增長的推動作用下降。表現在貨幣的流動性下降，貨幣供給的產出效應被削弱，使運用貨幣政策拉動經濟增長的信貸

成本上升、風險加大。根據瓦爾拉斯定律，貨幣市場的超額供給意味著商品市場的超額需求，這時貨幣政策能夠對產出產生影響，而當儲蓄過剩時，貨幣市場的超額供給就無法增加商品市場的超額需求，導致貨幣對產出的影響被削弱。

　　美國聯準會前任主席伯南克在2005年曾對美國經常帳戶失衡問題提出「全球儲蓄過剩」假說。該假說認為，部分發達國家和新興經濟體長期的過剩儲蓄，是導致全球儲蓄過剩和經濟失衡的關鍵原因。以日本、德國為代表的發達國家因為人口老齡化、資本/勞動比過高和投資機會減少產生過度儲蓄。新興經濟體的過度儲蓄，則是由為了防範金融危機所積累的外匯儲備、為了維持出口導向型經濟增長需要的貨幣以及石油上漲帶來的收入構成的。伯南克認為，這些過量的儲蓄一方面造成了美國等少數發達經濟體經常項目逆差；另一方面推動了全球實際利率下降，引發資產價格上漲和信用膨脹。此後伯南克在2007年和2009年又多次重複了類似的觀點，並在2010年對美國聯準會貨幣政策與金融危機之間的關係做了系統的闡述，為美國聯準會的貨幣寬鬆政策辯護，將金融危機以及低利率等問題歸咎於新興市場經濟體的儲蓄過度。而事實上，縱觀美元指數的週期性強弱變化可以看出（見圖3.1），美國的貨幣政束止是多次危機的導火索，美元寬鬆週期時，全球流動性擴張，各經濟體因本幣升值壓力被迫寬鬆，催生資產泡沫和債務擴張；美元緊縮週期時，全球流動性回流，各國因本幣貶值壓力被迫緊縮。由於

槓桿效應的存在，資產價格和債務往往是減速擴張而加速收縮，因一旦資產泡沫開始收縮，斷崖式的價格下跌可能引發危機。如美元指數的三個週期正好分別對應1980—1985年的拉美債務危機，1997—1999年的東南亞金融危機和2008年的美國次貸危機及之後引發的全球金融危機。

　　儲蓄過度的問題是全球性的，而不是區域性的。新興市場經濟體的崛起確實為全球提供了很多流動性，但也不可否認，比較成熟的發達經濟體也往往擁有大量儲蓄，尤其是像德國和日本那樣擁有保守消費觀念的國家。大部分高收入國家的企業

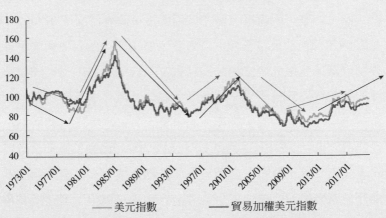

圖3.1　美元指數的三個強弱週期

資料來源：Wind（金融資料和分析工具服務商），天風證券研究所

積累了大量留存收益，並超過其投資。於是很多非金融企業為市場提供資金，一定程度上取代了銀行等金融機構的作用，這也是造成儲蓄過度的原因之一。而美國等發達國家之所以成為資本流入國，並不是因為其自身不存在儲蓄過度的問題，而是因為它們的投資機會多，需求強勁，市場機制完善，能夠在消化自身儲蓄的同時吸引國際資本。因此，當前的儲蓄過度問題，本質上是投資機會缺乏、全球需求乏力的表現。

負利率與儲蓄決策

在低利率的環境下，民眾會選擇減少儲蓄的行為，轉而將貨幣進行投資或消費。各國央行選擇負利率政策的目的亦在於降低民眾的儲蓄，然而實際效果並非如此。那麼，這種利率與民眾儲蓄行為之間的非對稱變動如何解釋呢？傳統金融學已經不再適用於負利率環境下的金融決策，行為金融學便應運而生。

（一）行為金融學的解釋

傳統金融學建立在理性人假設和有效市場的條件下，在面對不確定條件下的經濟決策時，投資者會按照效用預期進行風險決策。因此傳統金融學基於一系列的假設，總結出資本資產定價

理論、套利定價理論、期權定價理論等理論模型 明理性人進行投資決策。然而，從大量的研究以及實際投資決策中，我們發現人們的決策行為往往有悖於根據預期效用理論所做出的預測，如著名的「阿萊悖論」和「埃爾斯伯格悖論」。行為金融學就在這樣的質疑與爭論中應運而生。雖然行為金融學目前還處於發展階段，沒有自己獨立的基本假設和統一的分析框架來對金融市場做出一致的解釋，但是它仍然可以給我們提供一個新的角度理解金融市場上一些非理性決策行為。

行為金融學注重從市場個體出發，以心理學研究成果為基礎，研究市場個體在相互作用下所做出的決策，相比於傳統金融理論所關注的應該發生什麼，行為金融學更關注實際發生了什麼。行為金融學的研究也更多地將側重點放在市場參與主體的心理活動對相關經濟決策的影響上，因此其心理學基礎也非常關鍵。

首先是社會心理學。社會心理學認為人類有理性和非理性兩類，而作為生活在社會中的群居性動物，人的決策很容易受到周圍群體的影響。對非理性個體來說，這種影響甚至會讓人改變自己原先的偏好，最終與周圍群體形成統一的狀態，這種統一的力量將大於理性群體的力量，以至於將市場帶向錯誤的方向。其次是認知心理學。認知心理學研究人對資訊的感知、理解、處理等一系列過程，以及它們是如何對決策行為造成影響的。最後是決策科學。決策科學幫助人們在面對多種選擇的時候做出最優選

擇，這往往與個人偏好相聯繫，不同的備選方案或者不同的決策者都會使偏好有差異。

　　投資者心理學理論與期望理論和行為組合理論結合，衍生出了 BSV 模型（由 Barberis、Shleffer 和 Vishny 提出）、HS 模型（由 Hong 和 Stein 提出）、DHS 模型（由 Daniel、Hirsheifer 和 Subramanyam 提出）、羊群效應模型等行為金融學的決策模型。

　　確定性效應是相對於不確定的結果來說的，個人會在決策時傾向於給予確定性的事情以更高的權重。因此，當面對確定性的收益時，人們會表現出更高的風險厭惡，而當面對確定性損失時，又會表現出對風險的偏好。「埃爾斯伯格悖論」就是投資者厭惡不確定性的一個佐證。

　　「損失厭惡」是指人們對於獲得和損失等值物品所感受到的效用的增減是有明顯差異的，卡樂門和特沃斯基的研究發現，放棄某一物品減少的效用是獲得同一物品增加效用的兩倍。

　　DHS 模型將投資者分為有資訊和無資訊兩種，無資訊的投資者不存在判斷偏差，有資訊的投資者在決策時會存在過度自信和有偏差的自我歸因兩種偏差。過度自信使投資者更相信私人資訊的準確度，忽略公開訊息的準確度，並容易引起過度反應。有偏差的自我歸因指投資者將市場反應與預期相符合歸因為自己的能力，而將市場反應與預期不一致歸因於外在因素。因此，有偏差的自我歸因一方面會導致短期的慣性和長期的反轉，另一方面會助長過度自信偏差。

HS模型將研究重點放在不同作用者的作用機制上，它將作用者分為「觀察消息者」和「動量交易者」。「觀察消息者」完全不依賴於當前或過去的價格，只根據未來的消息進行預測，容易出現反應不足的問題；「動量交易者」則完全根據歷史價格進行分析，做出簡單的決策判斷，這又使價格走向了另一個反應過度的極端。

羊群效應模型認為，投資者的羊群行為是符合最大效用準則的。羊群行為實際上是一種模仿行為，投資者趨向於忽略自己有價值的私有資訊，轉而模仿大多數投資者的決策方式。羊群效應指導投資者做出的決策行為可能是理性的——以是否達到效用最大化為決策依據，也可能是非理性的。羊群效應模型分為序列型和非序列型兩種：序列型模型通過貝葉斯過程依次從市場獲取決策資訊，非序列型模型認為導致市場主體表現差異的原因是主體模仿性的強弱。

（二）非對稱儲蓄行為

行為金融學對非理性行為的解釋機制可以嘗試解釋當前大行其道的負利率政策執行的效果，以及民眾儲蓄行為對利率變化的非對稱性。

不難理解，民眾儲蓄增長和利率是正相關的。但是當越來越多的國家實施負利率，希望借此達到刺激消費減少儲蓄的目的

時，其政策效果似乎並不像想像中的那麼理想。首先，我們已經瞭解，名義利率為負並不意味著實際利率為負，實際利率還要看物價指數的變化；其次，央行對商業銀行的存款準備金實施負利率，商業銀行卻並不願意將其傳導給儲戶。同時我們可以想像，願意把資金儲存在銀行獲取利息的，一般來說是風險厭惡者。而實施負利率政策的國家幾乎都面臨著通貨緊縮的問題，將錢留在以後花似乎更划算。因此在這種情況下，只要實際利率為正，銀行存款就能提供相比於債券股票等風險投資來說最接近「確定」的收益。我們可以用上一段提到的「確定性效益」加以解釋。行為金融學認為，比起財富的總量，人們更關心財富的變化，當實際利率為正時，即使利率低，人們也更偏好有確定收益的銀行存款，而不是高風險高收益的其他資產，這是風險厭惡的典型表現。但是當實際利率降低到負值的時候，存款持有人就會減少確定損失的存款，轉而增持高風險的其他資產。我們可以看到，在確定性與不確定性收益中，人們一般傾向於前者；而在確定性和不確定性損失中，人們往往更傾向於後者。因此，實際利率為零可以被認為是增加或減少儲蓄的一個重要臨界點。

另外，根據DHS模型中的過度自信和有偏差的自我歸因兩種偏差，可以解釋在實際利率為負的初期，人們對於利率的變動不如實際利率為正時期的變動更加敏感。過度自信導致投資者對自己的私人訊息評價過高，而對於公開訊息則無動於衷。當新的公開訊息與私人訊息一致時，信心進一步加強，導致過度反應；

當兩者不一致時，卻不願意承認錯誤，導致反應不足。因此民眾會對實際正利率反應過度，對實際負利率反應不足。不過，按照DHS模型來看，這種偏差會隨著時間的推移逐步消失，民眾儲蓄會對負實際利率下的利率變動更加敏感。

（三）負利率年代還要存款嗎？

充足的儲蓄對國家經濟和民眾財富都有顯著的價值。但在負利率年代，傳統的儲蓄行為還是理性的嗎？有沒有比保持現金、放進保險箱或家裡更好的存款方式？人們還要到銀行去存款嗎？

對於發展中國家，投資是拉動經濟增長的重要方式，而儲蓄可以轉化為投資資金，解決企業經營中暫時的資金緊缺問題；其次，充足的民眾儲蓄，避免了對外資的過度依賴。因此在東亞國家和重視發展的經濟體，民眾儲蓄文化盛行。負利率年代，這一問題變得非常敏感和棘手。政府還鼓勵民眾進行儲蓄嗎？民眾還如同獲得正利率回報的年代一樣，積極踴躍地向銀行存款嗎？

微觀金融實踐中，人們出於理性經濟考慮，在利率降低的情況下，多數民眾會選擇減少儲蓄的行為，轉而將貨幣進行投資或增加消費。各國央行選擇負利率政策的目的，亦在於降低民眾的儲蓄，進而刺激投資與消費來提振經濟。然而實際效果並非如此。儲蓄的變化與利率有一定的相關度，但在負利率情況下，這

種相關影響可能未必同向而行。人們並不能也不可能將全部的財產，尤其是現金持有的財產全部由自己保存，即使利率為負，金融機構仍然比多數現金保存方式具有規模和安全性的優勢。

宏觀地看，對於發展中經濟體和以間接融資為主的金融體系，銀行可以通過利率槓桿調整儲蓄量，將生產與消費保持在合理的比例上。因此較長時間內，銀行儲蓄是金融宏觀調控的重要目標和工具。首先，相比於債券、股票等其他金融資產，銀行儲蓄是較容易使用的調控工具，國家通過調整儲蓄利率影響儲蓄規模，中央銀行通過調整存款準備金率調整派生存款規模和商業銀行的信貸規模；其次，中央銀行通過對存款利率進行調整，可以有效影響流通中貨幣的數量。尤其是當流通中貨幣數量過多，發生通貨膨脹時，調整儲蓄率是抑制通脹的有力手段。

在利率水準降到零以下之後，一些民眾會買斷保險箱存現金，但並非全體民眾都會選擇將貨幣持有在自己手中，也有不少人因為悲觀預期不會轉而持有高風險的投資。因此儲蓄的變化較為複雜，並不僅因為負利率的出現而減少，政府的目標有可能無法直接達到。

負利率與增長

知識（人力資本、新思想）都是經濟增長的內生變數。
20世紀以來基礎科學知識和應用技術知識交互作用的創新模式，
使我們很難把二者從經濟意義上截然分開。
工業化過程不可避免地使科學越來越成為一種依賴於技術的內生活動。
——羅默（美國經濟學家）

　　利率對經濟增長的作用尚未形成一致看法。瑞典學派、凱恩斯主義和金融約束理論的學者都認為利率下降會刺激投資，從而刺激經濟增長。正利率時代，央行約束和管制利率，銀行等金融機構獲得超額利潤，銀行有動力維持其穩定的儲蓄收益率和較低的資金成本。那麼，在負利率時代，調控利率還有多強的價格訊號作用，有利於經濟增長嗎？

金融約束的挑戰

（一）金融與經濟增長

　　在標準的宏觀經濟學模型中，金融部門並不存在，更不存在銀行、保險等金融仲介，傳統模型認為，個體消費者和企業進行相互的交易，最終會導致均衡的產生。但是，不同經濟體的發展表明，金融對經濟是有作用的，而歷次金融危機的出現，更是反映出沒有金融的宏觀模型，無法對經濟運行做出有效描述。

　　儘管不是所有經濟學派都認為金融對經濟發展有積極作用，但時至今日，多數學者都認同，在全球資本流動日益自由的情況下，一個運行良好的金融體系，對實體經濟的健康發展可能有至關重要的意義。金融與發展領域的代表學者萊文（2004）認為，金融至少在以下五個方面，對經濟增長起到積極作用：

- 搜集投資資訊並分配資本
- 對投資進行監管並參與公司治理
- 為風險的交易及管理提供便利
- 動員儲蓄
- 簡化交易流程

通過相關的學者研究，理論界的共識是，金融支持經濟發展的作用體現在：動員儲蓄並轉化為投資；搜集資訊並促成交易；風險管理；讓更多民眾分享增長成果，減少不平等狀態。

負利率對金融市場的運作產生獨特的影響。本書將分別就負利率與增長、負利率與投資、負利率與資本流動、負利率與社會平等等方面展開論述。

（二）金融壓抑、深化與約束

對於發展型經濟體，金融市場的存在可能導致出現「壓抑」，即對金融業實施人為限制，特別是利率限制；也可能出現「深化」，即提高利率，發揮挑選機制作用。在實踐中，「金融壓抑」和「金融深化」一直是共存和爭論狀態。

金融壓抑是指，在發展中需要大量投資，但資金的市場成本很高，因此為減少早期資本的稀缺性，必須對利率等進行限制。具體來講，首先是對存款和貸款利率的管理，從而保證了銀

行的盈利並壓低企業的資金成本；其次是對資金投向進行引導，在實施金融壓抑的情況下，政府可以發佈指令或者通過金融機構，將資金提供給特定的行業和企業；再次是對有限資金進行配給，由於資金成本受控，管制利率必然導致過剩的資金需求，因此政府只能對有限的資金實施配給和調控，尋租和市場扭曲出現較多。

金融壓抑的理論前提是，資金成本下降後企業的盈利會增加。但事實並非如此。低資金成本下，道德風險反而更高，而只有好的企業（並不一定是國企或與政府關係密切的企業）獲得投資才能擴大產出增加收入。實證研究中，金融壓抑的成功案例不多，麥金農（1973）等進而提出金融深化理論。

金融深化的主要觀點是，利率不僅僅是一個價格，更重要的是可以發揮挑選機制的作用。金融壓抑的最突出缺點是道德風險，許多沒有盈利的企業僅是由於資金便宜就去借貸，最終產生風險和壞帳。當利率被管控在較低水準時，利率的挑選機制就不會起作用；如果提高利率，取消資本配給，那麼只有那些收益水準超過該價格的企業才會去申請借貸；而且，利率提高後對資金的需求就會下降，供給量也會下降，但因為好企業獲得了貸款，它們的效率和盈利能力會讓社會收入增加、虧損減少，從而整體的均衡資金量反而會增加。

金融深化的理論前提也有明顯的缺陷，比如資金成本較高，可能出現逆向選擇的問題，因為只有那些高回報（高風險）

的企業才會申請貸款。斯蒂格裡茨（1997）等人試圖克服金融壓抑和金融深化理論的兩類缺陷，提出了「金融約束」的理論，他們提出資金回報率和風險程度成正相關，適當的壓抑可能降低「逆向選擇」，但利率也不能太低以防範「道德風險」，所以稱為「溫和的約束」。

（三）間接融資與直接融資

在政策主張上，金融約束理論認為，央行約束和管制利率，銀行等金融機構獲得超額利潤，銀行有動力維持其穩定的儲蓄收益率和較低的資金成本。而金融深化理論和結構主義學派則認為，利率調控不利於經濟增長；針對發展中國家的利率調控政策，認為降低利率會導致銀行儲蓄減少，投資效率低下，影響經濟穩定增長。結合不同的經濟形態和市場發展水準，其金融結構的發育水準也有所不同。

金融體系的融資方式主要區分為間接融資和直接融資，前者是指投資者和資金需求方通過銀行等仲介機構進行交易的融資方式，後者則指投資者和資金需求方能夠面對面自行交易，包括公開募集和私募方式。在經濟發展的早期，採用間接融資方式比採用直接融資更為有利，主要是因為早期工業基礎薄弱，需要政府主導進行較大規模投入，此時以銀行為主體的間接融資效率明顯；從資訊成本的角度看，早期專案技術等較簡單，同質性強，

對銀行等仲介機構來講資訊批量搜集也較容易。而通過工業基礎發展後，生產複雜化、資訊多樣且決策難度增大，銀行對項目決策的難度也增加了，使用分散化的直接融資就有了優勢；同時法治環境健全後，直接融資所需的交易條件更好，減少了道德風險。

金融實踐的結果是，發展中國家一般以間接融資（銀行）為主，發達國家則傾向於直接融資和間接融資並重，即使是早期以銀行為主導的國家，如德國、日本近年來直接融資的比重也不斷上升。利率和資金價格，對以間接融資為主的國家影響更為明顯。間接融資趨向於規避風險，銀行等仲介機構的風險偏好，決定了金融體系的風險偏好和效率。民眾向銀行存款，最重要的目的是保值而非獲得盈利，因此銀行會傾向於把資金貸給風險程度較低的企業，那些風險程度較高的企業不一定能得到資金。低利率和負利率的出現，對以間接融資為主的國家，意味著經常帳戶可能出現盈餘，因為銀行只能服務於風險較低的企業，但由於資本回報邊際遞減，資金的需求量最終有效，導致社會經常帳戶盈餘。

負利率的經濟中性

　　毫無疑問，金融壓抑和金融約束要成功，需要滿足兩個條件：一個是市場化程度，即企業要具有效率；另一個則是儲蓄的利率彈性要較小。在現實中，儲蓄的彈性到底有多大？可能一般的統計和經驗都告訴我們，普通民眾對利率不是太敏感，很多人存款不是為了收益，而是為了未來保障、遠期消費或安全性。相比之下，為實現金融約束，企業部門和金融部門的效率可能更為重要。因此，一定程度上利率是中性的。

　　如同現代社會需要中性的技術進步和中性政府（社會治理），某種程度上，負利率也具有經濟中性。對於發展主義國家而言，因為選擇以銀行為主的間接融資體系，所以負利率的影響更加深遠，但其中性特徵仍然顯著。

（一）短期刺激經濟總量

　　一般用GDP來衡量一個國家的經濟增長情況。一個國家的GDP通常由四部分構成：消費、投資、淨出口和政府支出。其中財政政策主要影響政府的支出水準，同時也會對消費、投資以及淨出口產生一定的影響。而貨幣政策主要影響一個國家的消費、投資、淨出口。當一個國家採取負利率政策時，主要通過刺激消費、投資、淨出口來刺激本國經濟的增長。

　　現在採取負利率政策的國家的主要目的，都是刺激本國的經濟增長，恢復經濟危機影響下的經濟低迷疲軟現象。那麼負利率政策會通過哪些機制來影響經濟增長？採取負利率政策的各個國家是否都實現了政策初衷？以下通過依次分析負利率政策對投資、淨出口、消費等變數的理論作用機制和實際效果，解釋負利率政策對經濟增長的作用。

（1）社會投資

　　負利率政策通過放寬信貸、向資本市場注入流動性等管道和方法刺激信貸投放，從而帶動社會總投資的增長。不過，負利率政策釋放的信貸最終能否轉化為生產，還取決於資金能否順利地從虛擬經濟流入實體經濟。

　　負利率政策在調低央行存款利率的同時也調低了基準利率，因此貸款利率也將下降，企業能夠以更低的成本獲得貸款。一般生產函數表明，企業的產量取決於技術進步、勞動者工資及資本利率等成本因素。由於信貸總供給增加，許多原本沒有資格獲得貸款的企業也能夠取得貸款；負利率政策減少了資金成本對生產的約束，一定程度上可以刺激投資、企業生產，最終刺激經濟增長，擺脫通縮困擾；同時產量提高也意味著企業需要雇用更多的工人，就業率低等社會問題在一定程度上得到了緩解。不過，資本對產量的刺激並不是沒有限度的，企業關於投資和產量的決策，受到企業對未來經濟形勢預期的影響。如果投資者預期

未來經濟持續低迷，消費者對產品需求不足，產品無法轉化為需求、無法變現等，就會減少負利率政策對投資、經濟增長的正面刺激作用。

　　雖然從理論上來說，負利率政策通過釋放信貸供給刺激投資增長，抑制經濟衰退，但在實踐上由於銀行系統的逐利性及各國特殊的國情，從央行或者銀行間借貸市場釋放的資金如果無法有效地轉換為信貸供給，那麼負利率也無法增加投資，加快經濟增長。

（2）淨出口

　　在其他經濟貿易條件保持穩定時，負利率政策可以通過降低本國匯率，刺激淨出口增長，從而維持經濟增長。利率和匯率都是國家貨幣政策的重要工具，兩者之間互相影響，互相制約。但兩者相互影響的力度不同，相對而言，利率對匯率的影響效果較為顯著。利率變動通過國際收支平衡表的經常項目，以及資金和金融項目來間接影響國際收支順逆差。通過經常項目對國際收支的影響可分別從匯率和價格管道理解，資金和金融項目則從長期資金和短期資金的角度來分析。經常項目是國際收支平衡表裡的重要部分，包括有形貨物的進出口和服務貿易，如旅遊、保險等的收支。負利率間接性地通過經常帳戶對淨出口產生影響。例如，一方面，負利率政策的實施刺激了中國大陸消費需求的上漲，因而中國大陸對進口商品的需求作為組成部門也會上漲，引

起進口增加。另一方面，如果負利率能夠如預期一樣改善通縮壓力，增加通貨膨脹率，那麼出口商品價格也會隨之上漲。如果本國大部分出口商品在國外市場需求彈性較小，出口商品數量下降幅度較小，而出口價格上漲，那麼總的出口額度反而上漲。反之，當大部分出口商品需求彈性較大時，最終出口總額將下降。因此從經常帳戶的角度來說，負利率對本國淨出口的影響將取決於本國出口商品結構。伍聰在《負利率效應下的中國經濟》中實證檢驗了中國大陸利率變化對經常帳戶波動的影響，結果顯示，實際利率上升時，出口增加，進口減少，淨出口增加；實際利率下降時，出口減少，進口增加，淨出口值減少。因此，在中國實施負利率政策無法通過刺激淨出口帶動經濟增長。

　　資本和金融帳戶反映民眾和非民眾間資產或金融資產的轉移。淨出口在數值上等於資本淨流出，因而資本和金融帳戶的變化一定程度上可以反映淨出口的變化。央行實施負利率政策，使中國大陸利率受到影響紛紛下降，利率代表著貨幣和中國大陸資產的收益率，收益率下降，短期內資金將流向利率水準較高的國家，從而資本淨流出增大，淨出口值也會增大。但以上影響管道是否起效，取決於資本帳戶的開放程度。如果短期資本無法自由進入一個經濟體，那麼利率調整也無法刺激資金流入其他國家。長期資本、金融帳戶和資本淨流出的變化則充滿了不確定性。負利率政策下，長期直接投資決策受到當前經濟發展狀況、通貨膨脹率的影響，「國外長期直接投資淨額」是國外在中國大陸的長

期直接投資減去中國大陸在國外的長期直接投資，負利率刺激投資增長，而國外長期直接投資淨額是總投資的一部分，如果負利率政策效果較好，境內需求上升，經濟增長加速，通貨膨脹率升高，使國外在中國大陸預期的收益率上升，那麼國外長期直接投資淨額會迎來上漲。如果負利率政策對經濟增長刺激作用不大，長期資本淨流出就不會有顯著增長。

　　理論上負利率作用於匯率，從而刺激了淨出口的增長；但實踐效果顯示，負利率在不同國家對匯率的影響完全不同。因而在正式實施負利率政策前，央行需要考慮本國基本的經濟情況再做決定。

（3）消費

　　實行負利率政策可以刺激有效消費需求。首先，不論央行是將存款準備金還是同業拆借利率調整為負值，負利率的影響會傳導至存款利率，較低或者負值的存款利率使儲戶存款貶值，由於在實施負利率政策時都伴隨著經濟低迷和通縮壓力，因而大部分個人或者家庭會將存款轉化為消費。其次，負利率政策下，除了儲蓄以外的其他理財產品的收益率也會受到影響，個人或者家庭偏向於將財富投資於房地產、黃金、字畫等不隨利率波動的資產，促進了消費需求增長。再次，負利率政策也會刺激房貸、車貸的供給，拉低房貸、車貸的利率，間接刺激個人和家庭對房地產和車的需求。最後，前文通過分析得知，負利率政策會導致資

產價格上漲，資產價格的上升將引發財富效應，資產所有者財富增長，也更願意增加消費。

　　研究顯示，中國大陸利率變化對存款餘額的影響不大，即存款餘額對利率彈性較小。2004年2月至8月，中國大陸一年期存款實際利率直線下降，但銀行各項存款餘額卻穩步上升。這是因為中國大陸金融市場較西方發達國家仍不夠完善，個人或家庭缺乏有效的投資管道，所以銀行存款利率下降，也沒有其他可替代的理財產品。當然，這也和中國大陸民眾和家庭理財意識淡薄有關。不過，有理由相信，未來中國大陸民眾存款餘額對利率的彈性會越來越大：隨著中國大陸利率自由化和金融市場的不斷完善，個人或者家庭的金融意識不斷加強；隨著收入的上升，民眾的理財意識和避險意識也會不斷加強；銀行存款總餘額的結構在發生改變，高收入存款者的比例增加，城鎮民眾儲蓄餘額相對鄉村民眾儲蓄餘額比例上升，這兩類儲蓄者對利率的彈性比較高。總體來說，存款總餘額對利率的敏感度不斷提升。因而，央行在實施負利率政策時不能一味依賴過去對利率和存款變化的研究成果。

（二）長期抑制經濟品質

　　當然，多數國家選擇負利率政策的主要目的在於，試圖通過寬鬆的貨幣政策來刺激經濟的增長。但是負利率政策對於經濟

發展來說不僅有正面的促進作用，在特定情形下也會對經濟增長產生負面影響。因此，在考慮採用負利率政策時，需要綜合考察負利率的整體影響效果，對負利率的負面影響有一定的意識並及時採取防範措施，以免與政策初衷背道而馳。

第一，負利率政策的出現增加了金融風險，不利於經濟穩定增長。實施負利率政策後，銀行存貸款利率隨之下降，存款利率的下降空間有限，因為在負的存款利率下，銀行有可能流失所有儲蓄，從而無法正常運營，而過於低的貸款利率又會進一步壓榨銀行的利潤空間。而且金融機構是否放開信貸取決於當前世界的經濟狀況，當外部環境不穩定時，盲目增加信貸供給只會增加金融風險。在負利率環境下，金融機構更傾向於將資金存放在銀行間市場，或者投資於股票。負利率政策的影響能否傳導至投資活動尚不確定，如果傳導管道不暢，那麼負利率就無法刺激投資的增長，也無法通過投資促進經濟增長。

第二，負利率政策對經濟結構和企業生產效率產生負面影響，央行人為調控的負利率政策使利率這個價格訊號在不同行業之間和同一行業不同企業中合理配置資本的作用失效。首先，即使負利率政策促使信貸供給增加、投資增加，負利率政策也使利率這個反映市場訊息的資金價格喪失了配置資本的作用。其次，市場均衡水準的利率會反映資金的供求狀態，當利率較高時，資本流入發展前景好、投資收益率高的行業，這些企業可以承受較高的資本成本。但是在負利率政策下，資金同時也流向了夕陽產

業，導致經濟體產業結構惡化，經濟無法均衡發展，降低經濟增長率。同時，利率為負時，資金也容易流向行業內投資效率低下的企業，導致某個行業或者整個經濟體的生產效益降低。再次，負利率政策下許多不具備信貸資格的企業也能順利獲得信貸，商業銀行預期未來不良貸款率上升，銀行面臨的金融風險上升。由於銀行是連接實體經濟和虛擬經濟的樞紐，所以這種風險很容易擴散至整個經濟，拖垮經濟增長速度，甚至引發經濟危機。最後，名義負利率降低了銀行存款的規模，而隨著負利率政策釋放的資本被用於企業信貸或者其他投資管道，銀行由於沒有吸收足夠的存款而無法持續提供信貸供給，一旦銀行發生擠兌或者其他意外情況，影響將迅速傳導至實體經濟，導致經濟衰退。

第三，負利率政策會加大社會貧富差距，不利於經濟穩定和發展。負的存款利率對擁有大額銀行存款、投資管道單一的個人或者家庭不公平。名義負利率政策下，個人或者家庭的財富將大幅度縮水。由於中國大陸目前理財市場不完善，國民理財意識不強，很多銀行存款所有者無法通過資產配置規避負利率帶來的損失。高收入群體和低收入群體對利率的敏感度不同，從而承擔著懸殊的負利率損失：高收入人群可以將部分存款轉移至房地產、藝術品等其他投資管道，規避負利率帶來的風險；而對於中低收入人群來說，銀行存款主要用於養老、子女教育、醫療等基本需求，存款無法輕易轉移至其他理財管道，尤其是老年人群和農村人口。銀行存款一般包括民眾存款、企業存款和政府存款，

其中只有民眾存款對利率彈性較小，負利率政策將民眾存款所有者的財富轉移至企業，加劇了社會收入差距。因此，負利率對消費的刺激作用將大打折扣，也無法通過消費刺激經濟增長。

（三）效應與國情相關：總體中性

利率具有中性特徵，主要通過企業和銀行的效率體現出來，因此負利率政策對經濟增長的總效應是不確定的。一般來說，在經濟發展初期，負利率對經濟增長的正向影響占主導地位；而在經濟發展的高級階段，負利率對經濟增長的影響則以負影響為主。

在經濟發展初期，經濟體基礎設施建設不完善，國家工業化程度低。對於大部分發展中國家而言，勞動力豐富，勞動力成本對生產的約束少，資本成本反而成為約束新投資和生產的重要因素。因此在發展中國家，資本投入對經濟增長的貢獻高於資本投入在發達國家對經濟增長的貢獻。經濟發展初期，國家實施負利率政策，資金成本降低，使企業投資需求增大，從央行和儲蓄中釋放出來的資本用於基礎設施建設和工業化國家建設。雖然人為調低利率，資本成本和門檻降低，利率失去了資源配置的功能，負利率政策下經濟體的產業結構和生產效率不如均衡利率水準時期，但此時低生產效率和結構化問題對經濟增長的損害遠不如資金成本降低對經濟增長的促進多。總體來說，負利率促進經

濟增長，但隨著企業數量上升，基礎設施完善，生產逐漸趨向飽和，經濟結構問題和產能過剩問題開始顯現，阻礙了經濟增長，此時負利率政策釋放的資本無法順利流入企業生產，經濟增長反而被負利率政策引起的生產效率低下和經濟結構落後等問題拖累。通過對中國大陸實際利率與經濟增速之前的實證檢驗發現，中國大陸在確立市場經濟體制後，實際利率變化與經濟增長呈反向關係，實際利率上升1％，經濟增長率下降0.3462個百分點（伍聰，2013），在經濟發展初級階段，負利率的確促進了經濟的增長。

負利率在各國的實效

實踐中，負利率政策在短期內確實可以通過刺激投資、淨出口、消費來緩解經濟衰退的壓力；同時由於經濟中性的原因，負利率政策效果的顯現又受到中國大陸外制度、政治波動等的影響。

（一）歐元區：增長緩慢

歐元區自2014年6月開始實施負利率政策。自歐債危機以來，歐元區商業銀行在央行的準備金規模大幅上升，2011年4月

到2012年3月，商業銀行在央行的準備金總規模由3000億歐元漲至11000億歐元，應對歐債危機的寬鬆貨幣政策所釋放的流動性大部分流回央行。由於2014年歐洲央行實施利率調整前，歐元區的央行準備金利率已經為零，歐洲央行只能將存款準備金利率調整為-0.1％。其目標非常明確，就是希望通過調整央行存款利率，促使各商業銀行將存放在央行的超額資本金提取投放到信貸市場上。

從短期來看，歐元區的負利率政策對信貸和投資的刺激效果不是非常顯著的。2013年下半年，歐元區信貸出現負增長，並持續下降。2014年6月，歐元區實施負利率政策後，信貸增速雖然開始反轉，但是信貸規模增長緩慢。從2014年初到2016年1月底，歐元區各成員國央行和存貸款機構對非金融私人部門的總信貸額從10.65萬億歐元增長到10.74萬億歐元，增幅不到1％；非金融私人部門總存款額卻從10.98萬億歐元增加到11.66萬億歐元，增幅超過6％。從央行流失的資金並沒有進入實體經濟，反而又流回了銀行系統，說明商業銀行收回了存放於央行的準備金，但資金卻沒有用於增加信貸供給。這是因為商業銀行的利潤基本來源於存貸款利差，存款利率下調空間較小，而過低的存款利率無法吸引更多存款，會危及銀行未來的生存。同時在保證利潤的前提下，貸款利率下調的空間也十分有限，貸款成本不變，負利率對投資的刺激作用失效。

從國際資本流動變動來看，歐元區的負利率政策對匯率和

淨出口的影響較為顯著。自2014年6月歐洲央行將商業銀行在央行的存款利率從0調降為-0.1％，同時也調低了同業拆借和基準利率，負利率政策對於匯率的影響效果較為明顯。歐元兌美元實際匯率下跌8.2％，名義匯率貶值18％，出口也出現小幅增長，基本維持了正增長，出口額同比增速由2013年的19.14％升至2014年的19.23％，出口額占GDP的比例也由2013年的2.11％漲至2014年的4.14％，漲幅顯著。可以看出，負利率對匯率和淨出口的刺激作用明顯。

　　從歐元區的整體經濟增長情況來看，歐元區自2014年實施負利率，隨後GDP同比增長率穩步上升。2014年第二季度，歐盟28國名義GDP總量增速為3.4％。到2015年第一季度，增速已增長為4.3％。2016年3月，歐洲央行決定繼續將央行存款準備金利率下調至-0.4％，這也從側面反映了負利率政策對解決歐元區經濟衰退有一定的效果。同時負利率政策對於歐元區的就業影響效果也較好。經歷歐債危機後，歐元區失業率居高不下，2013年1月突破12％，2014年5月歐元區失業率為11.7％，同年6月歐洲央行實施負利率政策後，失業現象明顯好轉，2016年7月失業率穩定在10％左右（潘海峰，2016）。之後，歐元區的失業率一直下降，到2019年8月，歐元區失業率已經下降至7.4％。

（二）瑞典：成效未顯

瑞典是世界範圍內第一個嘗試負利率政策的國家。2009年7月，瑞典央行先後將基準利率和央行存款準備金利率均調至-0.25％，督促商業銀行將原本存放於央行的準備金用於房貸，增加信貸供給，刺激投資。瑞典的負利率政策涵蓋面比歐元區更為廣泛，甚至將基準利率也調整為負，理論上應當比歐元區負利率政策產生更為深遠的影響。

在對投資的影響方面，瑞典的負利率並沒有刺激信貸的增長。2010年商業銀行對私人部門的信貸與GDP比例不升反降，2009年銀行貸款占GDP的比例為149.23％，2010年該數值為146.85％，降幅達1.59％。瑞典負利率政策沒有實現最初刺激投資增長的目標，一年後央行加息，結束負利率政策嘗試。

在對淨出口的影響方面，負利率政策並沒有對瑞典的淨出口產生明顯的影響。瑞典於2009年7月實施負利率，接下來的11個月，瑞典克朗名義匯率上升約3％，最後央行決定於2010年暫停負利率政策。這是由於當時恰逢金融危機，瑞典是金融危機期間經濟依然保持穩定的國家之一，瑞典克朗也被許多國際投資者視為可規避風險、實現保值的貨幣之一，即使瑞典央行降低利率，資本依然湧入瑞典中國大陸，抬高了瑞典匯率。

負利率政策的實施對於瑞典的經濟增長效果較為顯著，2009年瑞典實際GDP同比增長率為-5.18％，至2010年這一數值為

5.99％，瑞典GDP增長率明顯改善，經濟逐漸恢復增長。

2009—2019年瑞典克朗匯率折線圖如圖4.1所示。2009—2019年瑞典經濟增長情況見圖4.2。

(三) 丹麥：回升有力

丹麥自2012年7月起將7天定期存款利率設定為負，同時對單家銀行的活期存款餘額設定上限。之後，丹麥克朗的利率雖有上調，但大多持續保持在負利率水準。2015年為緩解丹麥克朗的升值壓力，丹麥央行再次將存款利率下調至-0.75％，創歷史低位。丹麥多次實施負利率的原因在於，歐洲的經濟波動造成大量資金湧入丹麥，丹麥克朗面臨很大的升值壓力。因此，丹麥負利率政策實施的主要目的在於穩定匯率，避免丹麥克朗大幅升值。從這個方面來看，丹麥負利率政策的實施取得了一定的效果。

圖4.3是丹麥近幾年匯率隨時間波動的趨勢圖，選擇每月一號的歐元兌丹麥克朗匯率作為分析物件。2012年7月，丹麥央行推行負利率政策，隨後丹麥克朗相對歐元的匯率貶值。2012年6月，歐元兌丹麥克朗匯率為7.43，下半年歐元兌克朗匯率持續上升。2013年1月，歐元兌丹麥克朗匯率為7.46，增幅為0.4％。丹麥2014年實施的負利率政策同樣刺激丹麥克朗貶值，2014年9月歐元兌丹麥克朗匯率為7.44，至2015年3月，該數值升為7.47，增速仍為0.4％，丹麥克朗貶值，丹麥央行實施的負利率政策確

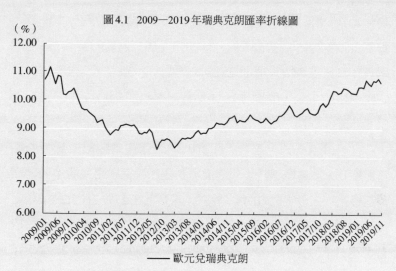

圖4.1　2009—2019年瑞典克朗匯率折線圖

—— 歐元兌瑞典克朗

資料來源：investing.com（財經網站）

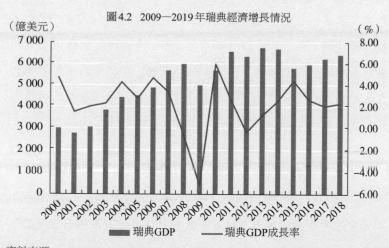

圖4.2　2009—2019年瑞典經濟增長情況

■ 瑞典GDP　—— 瑞典GDP成長率

資料來源：Wind

實刺激了本幣貶值，防止大量資金流入。進出口方面，2012年，
丹麥出口額同比增速為-5.92％，2013年出口同比增速為4％。不
過，出口額占GDP的比例迎來小幅度的降低，出口的增長小於
GDP總額的增長，側面顯示丹麥負利率政策對消費和投資有一
定的影響。

　　從經濟增長情況來看，除2008年全球經濟危機對丹麥的經
濟衝擊較大，整體上丹麥的經濟增長率保持正向增長的趨勢。經
濟危機之後，丹麥的GDP增長率一直徘徊在2％左右，2010年之
後GDP增長率開始下滑，一度逼近零增長的界限。2012年採取
負利率政策之後，丹麥的GDP增長率開始回升，從2012年的
0.23％增長至2013年的0.93％，此後便一直保持增長的趨勢。
2015年初大幅度下調基準利率之後，2015年丹麥的GDP有一個
較大的提升，由2014年的1.62％升至2016年的2.40％，實現了
經濟較快的增長（見圖4.4）。可以看出，丹麥負利率政策對於丹
麥經濟的刺激效果顯著。然而從長期來看，負利率政策的刺激只
在短期內對丹麥經濟有效果，在負利率政策之後，丹麥的經濟開
始滑落，2018年降至1.49％。

（四）日本：低位穩定

　　日本央行於2016年2月開始實施負利率政策，將存款利率下
調至-0.1％。日本央行對金融機構的負利率政策為三層利率體

圖4.3　歐元兌丹麥克朗匯率隨時間波動趨勢圖

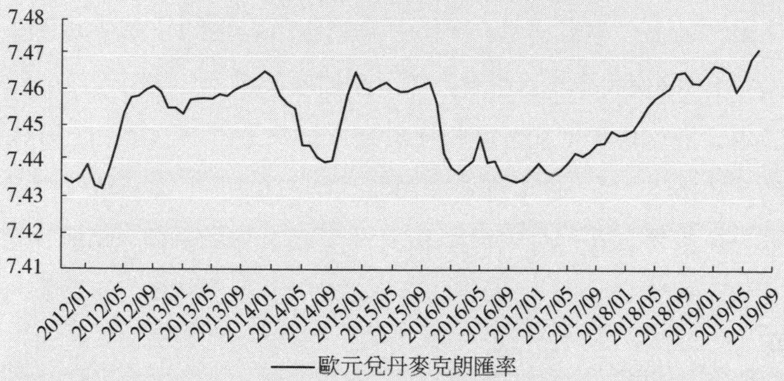

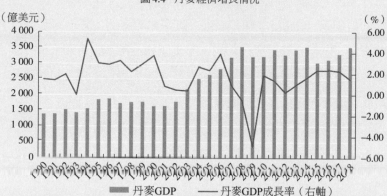

資料來源：investing.com

圖4.4　丹麥經濟增長情況

資料來源：Wind

系，即對金融機構的現有帳戶實施0.1％的正利率，商業銀行的法定準備金實施零利率，而僅對商業銀行新增的超額準備金實施-0.1％的負利率。日本央行在下調超額準備金利率的時候，同時規定央行每年增加長期國債購買，使長期國債利率呈下降趨勢。2016年7月，日本十年期國債利率從0.3％下降為負值，再加上負超額準備金利率對短期和中期國債利率的影響，國債收益率曲線整體下移。以上政策組合，降低了企業間接和直接融資的成本，保證企業不僅可以從銀行以較低的成本取得貸款，也可以通過債券市場進行直接融資，避免了歐元區所遇到的資金無法順暢地從資本市場流入實體經濟的問題。日本負利率政策中的超額準備金利率僅僅針對超出2015年12個月超額存款準備金均值的部分。據《金融時報》報導，這部分資金大約有10萬億日元，其中8萬億日元來自日本儲蓄銀行，這家銀行在日本沒有發放貸款的資格。這部分資金實在有限，即使能夠全部進去實體經濟，對投資增速和經濟增長的作用可能也不大，不過日本組合負利率政策能否最終起效依然有待觀察。

　　從國際資本流動上來看，日本負利率政策對匯率的影響並沒有達到預期效果。負利率政策實施以後，日元兌美元不降反升。2016年1月末1美元可兌換118日元，2016年5月則升至109日元。主要原因在於國際環境的不確定提升，英國脫歐後，國際投資者視日元為避險資產，美元兌日元一度升至100日元以下。2015—2017年日元匯率變動趨勢折線圖如圖4.5所示。當世界主

要發達經濟體均實施負利率或者低利率的貨幣政策時，利率對本國貨幣匯率的反向影響作用逐漸消失，負利率政策刺激匯率貶值的前提則是其他主要發達經濟體的利率總體高於本國利率。當這一條件被破壞時，即使是負名義利率也無法防止國際資本流入或者促進本國資本投資於其他國家。短期內日本的負利率政策對於本國的經濟增長有一定的促進作用。

　　圖4.6是日本近年來GDP增長率和實際利率（此處，用GDP的對數值表示增長率）波動趨勢的折線圖。1981—1989年，實際利率呈曲線式下降，同期GDP增長率直線上升；1999—2008年，實際利率幾乎沒有波動，相應地，GDP增長率也保持穩定的水準。日本的歷史資料表明，日本實際利率的波動確實和經

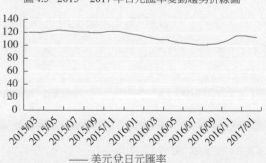

圖4.5　2015—2017年日元匯率變動趨勢折線圖

—— 美元兌日元匯率

資料來源：investing.com

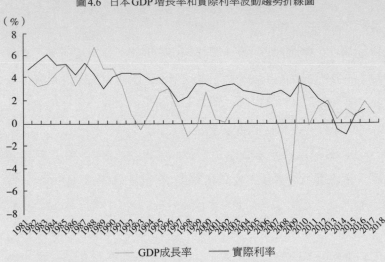

圖4.6　日本GDP增長率和實際利率波動趨勢折線圖

資料來源：世界銀行

濟增長波動呈反比。2016年日本負利率政策也取得了短期的效果，這一年第二季度，日本實際GDP環比增長率為0.7％，同年第三季度增長率則為2.2％。

　　負利率政策在歐元區、瑞典和日本的實施，短期內起到了刺激經濟增長的作用，但效果並非十分顯著。長期來看，負利率政策不但無法從根本上解決以上各國經濟低迷的問題，反而容易積累風險，損害經濟增長。

　　從長期看，負利率作為貨幣政策的延續，無法對經濟增長

產生深遠的影響，為長期保持經濟增長，需要政府從技術進步和要素增長等角度出發對實體經濟進行調控。第二次世界大戰後，日本經濟飛速發展，但在20世紀90年代日本經濟泡沫破滅後，其經濟經歷「失去的二十年」，直到現在，日本經濟仍然增長乏力，通脹緊縮壓力過大。一方面，日本老齡化問題嚴重，實體經濟中勞動力供給不足，經濟增速緩慢；另一方面，產業結構失衡導致社會總生產效率低下，從而拖累經濟增長。同樣，自歐債危機以來，歐元區經濟一直處於低迷狀態，和日本一樣，歐元區人口老齡化問題嚴重。同時，歐元區貨幣政策由歐洲央行統一制定，而財政政策的決策權則由各國政府掌握，由此導致在面臨經濟危機時歐元區的貨幣政策無法和財政政策搭配使用。這些制度性和社會性的問題，才是制約歐元區經濟發展的根源。對於日本和歐元區兩個經濟體的政府而言，只有解決這些根本性的問題，才能保證經濟長期持續增長。

（五）美國：擴張強勁

美國作為全球經濟強國，其貨幣政策變動會直接影響到全球各個國家的貨幣政策和對於經濟的未來預期水準。2019年美國開啟了自2012年之後的首輪降息，三個月之內連續三次降息。雖然美國聯準會宣稱此番降息及購買國債的行為並不是QE，但是自美國聯準會降息之後，其餘國家紛紛調低本國的基準利率，

可以看出貨幣政策的轉變標誌著貨幣緊縮的時代逐漸消失。整體看，美國經濟的品質和增長速度較為良好。美國自2008年起共進行了四輪量化寬鬆，此後，美國聯準會又於2012年進行了一系列加息、縮表的舉措，為量化寬鬆時代畫上了句號。

　　然而2019年2月美國又開始停止縮表，7月10日美國聯準會宣佈開始降息，將聯邦基金利率目標區間下調25個基點到2％~2.25％的水準，這是自量化寬鬆時代結束之後的第一次降息；9月19日又進行第二次降息，下調25個百分點至1.75％~2％；10月31日進行第三次降息，下調25個百分點。短期內連續三次降息，說明其已經逐漸退出緊縮時代，開始走向貨幣寬鬆時代。2019年10月11日，美國聯準會宣佈將9月以來實施的回購計畫延長至2020年1月，並購入美國短期國債以擴張資產負債表，增加金融市場的美元供應量。美國聯準會在聲明中表示，為確保充足的銀行準備金供應，避免2019年9月貨幣市場動盪重演，以及維持聯邦基金利率在目標區間等，將從2019年10月15日開始，每個月購買600億美元短期美債，並至少持續到2020年第二季度，旨在逐漸將充足的準備金規模維持在或高於2019年9月上旬水準。同時，美國聯準會把日常性的隔夜回購操作截止日期從2019年11月4日延長至2020年1月，每次操作規模至少為750億美元；將每週兩次實施（為期6~15天不等的）定期回購操作，每次操作規模至少為350億美元，截止日期同樣是2020年1月，旨在降低貨幣市場對執行貨幣政策的壓力。

圖4.7　2016年以來美國通貨膨脹率

■ 美國CPI 當月同比

資料來源：Trading Economics（全球經濟指標資料網）

　　這一系列動向表明，美國有意開啟新一輪QE政策，但美國聯準會表示此次國債購買計畫不是QE。第一，此次國債購買計畫旨在為回購市場注入流動性，避免2019年9月貨幣市場動盪重演。而QE是在金融危機發生之後採取的措施，不應將兩者混淆。第二，此次國債購買計畫主要購買的是短期國庫券，關注的是短端利率，而在量化寬鬆中占人頭的卻是長期國債。第三，此次國債購買計畫是純粹的技術措施，並不代表改變貨幣政策立場。

　　從美國角度來看，2015年以來工資增長率不斷提高，推動

了消費需求的上升，這會釋放自2009年以來不斷積累的儲蓄。
美國的消費需求中最大宗商品是原油，過去兩年中，原油價格下
跌的主要原因是中國經濟增速放緩，歐洲消費疲軟，對石油的需
求下降，供過於求。而當美國需求上升後，原油價格會在一定程
度上得到支撐，美國近期通貨膨脹的不斷上漲也在一定程度上印
證了這一點（見圖4.7）。

市場對其加息步伐的預期變化總會引起國際資本市場的格
局變動，隨著經濟的回暖，2015年12月美國聯準會啟動了加息
週期，2015年12月和2016年12月分別加息一次，2017年和2018
年則開啟了多輪加息，到2018年12月系列加息結束時，聯邦基
金利率目標區間上調至2.25％~2.50％。同時，2017年10月開始
進行縮表（即賣出債券，收回市場上的美元）：加息步伐使大量
資金流入美國，帶動歐洲和日本負利率國債的資本外流，造成全
球流動性短缺，引起國債價格下跌。2019年9月，美國聯準會宣
佈將聯邦目標基金利率區間下調25個基點至1.75％~2.00％，這
是美國聯準會年內第二次降息，美國聯準會會議紀要指出，「負
利率將給金融體系帶來嚴重複雜性或扭曲的風險」。

根據美國國家經濟研究局（NBER）發佈的調查，截至2020
年1月，美國經濟持續擴張已達127個月，創下美國經濟史上最
長紀錄。過去十年間，也是美國從未出現經濟衰退的首個十年紀
錄，出乎不少經濟學家的意料。但近期金融市場對美國的貨幣政
策出現爭議，如高盛首席經濟學家揚‧哈齊烏斯2020年初提

出，儘管美國利率制定者目前對採取非常規措施可能出現的風險
存有疑慮，但並不排除美國未來可能會實施負利率。高盛預計，
2020年美國經濟將增長2%以上，如果短期內出現經濟衰退，美
國聯準會可以利用前瞻性指導、量化寬鬆政策以及最終的負利率
來重振美國經濟。

PART 2

影響與透視

負利率與消費

理性的消費者為了實現效應最大化，不是根據現期的暫時性收入，
而是根據持久收入水準來做出消費決策的。

——傅利曼（美國經濟學家）

　　負利率在微觀上涉及民眾收入和消費等方面，利率通過調節消費者一定時期的貨幣收入，在消費支出和儲蓄之間的分配比例來影響消費者的消費行為。因此負利率政策更多的是源於刺激消費與投資，形成財富效應，提高通貨膨脹率，從而推動經濟增長方面的考慮。

消費變化與財富效應

　　負利率通過降低中長期利率來刺激資產價格上漲，從而影響消費者一定時期的貨幣收入在消費支出和儲蓄之間的分配比例，繼而進一步影響微觀主體的儲蓄、投資以及消費水準，進而形成財富效應。

（一）負利率改變消費行為

　　消費是人類經濟活動的根本動力，因而也是經濟理論的核心。不管是古典經濟理論、新古典經濟理論，還是現代經濟理論，對消費均有所論及。根據持久收入假說理論（傅利曼，1957；霍爾，1978），未預期到的資產價格上升將導致家庭財富增加，進而造成民眾消費提高，這種效應在文獻中被稱為「財富效應」。負利率政策就是通過降低中長期利率來刺激資產價格上

漲，進而鼓勵影響微觀主體的投資和消費，提升總需求水準，促進經濟增長，進而形成財富效應。

消費是關係到擴大需求、改善投資結構、推進經濟戰略性調整、轉變經濟發展方式和增強增長內生動力的關鍵，也是改善和提高人民生活和福利水準、滿足人民各種物質和精神需要的根本途徑。因此實施負利率政策的出發點之一就是刺激消費，形成財富效應。

利率影響民眾消費行為的傳導機制，在於通過利率的變化來調節消費者一定時期的貨幣收入在消費支出和儲蓄之間的分配比例。存款利率越高，民眾的儲蓄傾向越大，實現的購買願望越小，民眾的消費支出就會減少；反之，存款利率越低，民眾的儲蓄傾向越小，實現的購買願望越大，民眾的消費支出就會增加。

（二）財富效應的兩面性

負利率可能會帶來正的財富效應，也可能會帶來負的財富效應。我們需要結合經濟的具體情況，綜合考慮各種因素的影響，實證地看待負利率對消費的作用。

從消費視角分析，負利率的正財富效應主要表現在兩個方面。一方面，通過影響民眾收入預期，增強市場信心，提高短期邊際消費傾向，進而擴大消費。一般來說，利率下調有利於資金面寬裕，有利股市。而股市被認為是經濟的晴雨表，持續的牛市

與良好的宏觀經濟形勢相互促進，必然會增強民眾與企業的信心。另一方面，通過刺激經濟發展，進而提高民眾實際收入水準來促進消費。金融危機通常伴隨著通貨緊縮和低通脹預期，實施負利率政策能夠有效降低實際利率：一是可以緩解風險環境下銀行的借貸問題，刺激銀行增加信貸供給，避免陷入貨幣緊縮；二是在低利率環境下提升企業的信貸需求，避免企業劇烈去槓桿，提升總需求。通過刺激經濟發展，民眾實際收入水準提高，進而消費水準也得到提高。同時，消費水準的增加也會促進總需求水準的提升，並進一步提升民眾收入水準，形成良性循環。

當然，如果負利率不能發揮正財富效應，反而會進一步對低收入人群進行資產剝奪，當期消費需求就有可能被進一步抑制。對廣大中低收入的普通民眾來說，負利率環境下有限的存款資源更多地將應用於應付養老、子女教育、醫療及其他未來需求，尤其是老年人群和農村人口更是如此。低收入群體的存款性決定了廣大普通民眾處於市場的弱勢地位，只能被動地遭受存款「負利率」的損失，這會使普通民眾的收入相對減少。由於消費主要取決於收入水準，因此民眾的消費水準會受到一定程度的抑制。

通過對利率的調節來影響短期邊際消費傾向，從而影響民眾對於當期與未來財富的分配變動，一方面刺激投資，另一方面抑制儲蓄，進而擴大（或減少）消費，同時促進（或抑制）經濟增長。這一方式曾被凱恩斯之前的古典經濟學家奉為真理。但是關

於這個方法的有效性一度有很大的爭議，過低的利率政策會產生正的財富效應還是負的財富效應，對消費的促進作用更強還是抑制作用更強，是否能傳導到實體經濟促進經濟的增長，都還需要時間的檢驗。在不同歷史時期、不同經濟條件下，正負兩方面作用此起彼伏、時高時低，負利率對經濟增長的效應還需具體情況具體分析。

消費決策與通脹預期

（一）貨幣持有也有成本

人類實現其欲望目標都是有成本的。對正常商品來說，商品的價值除了持有商品的物用價值之外，在持有的同時產品還會有損耗的風險，因此會產生對於商品的持有成本。只有壞東西（比如有毒廢棄物）價格為負，商品的價格只是等於為了讓它消失所支付的費用。

貨幣亦是同樣的道理，名義利率即貨幣這一商品的持有價格。基於無套利機會，學界將名義利率達到零後不可能進一步降低的現象稱為零利率下限。但是，從貨幣的本質來講，這種理論化的情景並沒有考慮現金的管理成本，即運輸不便、管理費用和受損風險等造成的成本，這也意味著實施負利率政策有一定的潛

在空間。人們總可以選擇持有現金，所以存在零利率下限，但這並不是絕對的。如果人們活在一個治安極其混亂的社區，保存現金非常困難，現金丟失或被偷搶的概率非常高，而且沒有其他好的投資機會，那麼人們很可能願意將自己的錢借給他人或是存放在銀行，即便一年之後能收回的錢少於初始的本金，少拿到的錢也可以被視為交給銀行的保管費。換句話說，民眾和企業持有現金是有成本的，在投資機會極度缺乏的情況下，民眾或企業與其承擔這些成本，還不如接受負利率將現金存放在銀行，相當於把資金的保管和運輸及風險外包給了銀行並支付費用。事實上，這一外包費用始終是存在的，只不過在經濟景氣、投資機會旺盛的情況下，被正利率抵銷了。

（二）貶值可否轉化為消費

　　考慮到未來的不確定性，在商業經營和投資中，資金的時間價值是決策時需要考慮的基本因素。資金具有時間價值的前提是，對於一件事物，大多數人都更傾向於現在得到它，而不是未來得到它。就金錢而言，這種對當下持有的偏好，意味著未來的一元錢沒有現在的一元錢值錢。因此，當我們通過貸款用今天的現金來交換未來的現金時，金額應該有差異。無法得到未來的現金的風險越大，差額就應該越大——由貸款利率表示。但部分差額應當只是反映了人類的偏好：宜早不宜遲地享受一切——消費

漢堡、啤酒和現金流。

　　負利率環境中人們的偏好已經反轉，未來的一元錢比今天的一元錢更值錢。如果通貨緊縮持續，這種情形就是合理的。如果商品和服務的價格普遍下降，那麼未來的99元仍可能超過今天的100元的購買力。另外，受人口老齡化趨勢以及過去20年一連串的市場衝擊的影響，恐懼可能已經取代貪婪成為推動力，要確保退休後有足夠的錢購買漢堡包，或許只能把錢借給政府，未來的現金流才有保障。

　　分析實施負利率政策的各經濟體的統計資料可以發現，這些國家或地區往往呈現出宏觀經濟增速較低、消費增長較慢、投資增速較低和失業率較高等共同特徵。關於美國債券負的收益率，切凱蒂（2010）指出，在美國大蕭條時期，因為債券在支付利息的同時還給予債券持有人在未來購買新的證券的選擇權，而這種選擇權具有一定的價值，導致債券收益率為負的情況發生。瑞丁（2009）分析，當時發行的美國債券比以前發行的國債更為廣泛地交易，導致美國國債的發行時間越近，越具有一個流動性溢價，進而解釋了美國國債遠期收益率為負的現象。歐元區實施負利率政策，也是為了應對歐債危機以來的通縮壓力、壓低失業率，並試圖以此刺激經濟增長（鄭聯盛，2014）。

　　一般來講，對於因貨幣緊縮、資產負債表衰退引起的通貨緊縮，低利率或負利率政策效果往往比較顯著。從宏觀意義上講，負利率政策的目的，就是試圖通過刺激消費和投資來製造通

脹預期以抵抗通縮風險。對大多數人而言，持有大量的現金並不
方便，也不安全：現金太多不好數，太重不好拿，還會有防火、
防盜等各種成本開支。所以，只要負利率帶來的成本能夠低於保
管現金的成本，那麼零利率的下限就可以突破。不過即使如此，
負利率也仍然具有下限，不能超出現金保管的成本率。但是在達
到足夠負的利率水準以後，銀行也會考慮對客戶徵收罰金。事實
上，負利率大多發生在現金使用比較少、以銀行卡或是以其他電
子錢支付工具為主的發達經濟體，因此負利率相當於管理帳戶的
服務費。金融帳戶使用者並不具有逃避負利率的替代選擇，這賦
予了央行比較充沛的把無風險利率降到極低甚至零以下的能力。
發達經濟體已基本告別了大規模使用現金的時代，普惠金融的發
展依託於高度垂直封閉分佈的金融帳戶體系，不必擔心現金囤積
行為等帶來的貨幣乘數下降問題。

　　零售存款利率一般不在負利率政策框架內，負利率主要通
過商業銀行在央行的準備金為起點進行傳導：銀行為了避免支付
存放準備金的費用（即負利率），會傾向於把準備金轉化為其他
短期資產，短期資產的收益率因此被壓低（甚至為負）。銀行及
其他投資者為了避免短期資產的低（或負）回報，將會投資更多
到長期資產，從而導致長期資產（按揭貸款及公司債等）的收益
率下降——負利率通過與標準的貨幣政策類似的傳導管道來發揮
作用。

　　從經濟現實運行的角度來看，往往是較低的增長水準、通

縮的威脅和持續的低利率催生了負利率的形成。作為一種複雜經濟環境下催生的貨幣政策，在經濟發展初期，負利率對刺激本國消費和經濟增長也有許多案例可以借鑒。但是，從日本的實踐來看，政策的效果恰恰相反——在實施負利率後，不僅沒有擴大民眾的消費水準，反而使民眾將存在銀行的錢取回家中存進保險櫃，實施負利率或零利率的寬鬆貨幣政策不一定能達成預定的目標，甚至有可能增加系統性風險。對於中國大陸來說，要謹慎對待零利率和負利率貨幣政策，不能照搬這些國家的做法。促進消費水準的提升，根本途徑是實現經濟穩步增長，增加民眾可支配收入，同時完善社會保障體系，實現藏富於民，將民眾的儲蓄能力轉化為消費能力，以擴大內需。

消費者的雙向選擇

利率對消費的影響存在正反兩個方面的作用，這主要取決於利率變化帶來的收入效應和替代效應的相對大小和強弱。在收入不變的條件下，低利率政策可以降低儲蓄，擴大消費。當收入變動時，需要考慮利率變化帶來的收入效應和替代效應。從收入效應看，負利率政策會使消費者的利息收入降低，民眾儲蓄的收入會降低，而收入是消費的主要來源。也就是說，民眾為了維持既定的收入水準，其消費行為會更加謹慎。從替代效應看，負利

率意味著民眾當期消費的機會成本較低,甚至為負,因而其沒必要為了增加未來消費而削減當期消費。除此之外,利率對消費影響效應的大小還受其他因素變化的影響,包括民眾消費傾向的變化,以及存款者受銀行影響的行為偏好的變化等。

(一)成本提升刺激消費

　　負利率對於消費的促進主要表現在兩個方面。一是負利率增加持有存款成本,使資本財富縮水,民眾選擇短期擴大消費。同時,由於負利率政策被視為使貨幣貶值,從而拉動通脹預期的最有效途徑之一,所以資產價格也可能出現較大幅度上漲。因為通常情況下,低利率政策首先會推高資產價格,而資產價格的上漲會推高基本生活品的上漲,最後引起物價的全面上漲。因此不僅日常商品的消費數量將增多,消費的貨幣量也會因數量的增加和物價的上漲而迅速擴大。從短期來看,這將使一部分儲蓄轉移到消費。二是表現在促進對固定資產的消費需求,特別是對房地產市場的需求。一般情況下,負利率政策制定者希望銀行儲戶增加對商品的消費,或者購買資產如股票、房地產、理財產品等保值。在以往的經驗中,負利率政策對房地產市場的提振作用尤為明顯,歐、美、日等發達經濟體的房地產市場在低利率和負利率期間都漲勢強勁,住房方面的消費對人們的資金配置起到了重大的分流作用。

（二）預期悲觀抑制消費

負利率對於消費的抑制作用主要表現在利率的替代效應很弱。一方面原因在於消費者對其支出的不確定性，這種不確定性包含養老、教育、醫療、住房等保障制度的影響因素，這些制度的不完善會使民眾更多地選擇儲蓄而不是消費，以應對未來的基本生活支出。另一方面原因在於存款之外的投資管道較為狹窄。因此，即使是在低利率的情況下，存款增長率依然很高。所以靠降低利率來降低民眾儲蓄、刺激消費的政策在中國目前是基本無效的，中國多年來的「高儲蓄」現象充分證明了這一點。如表5.1所示，2006—2018年中國大陸城鄉民眾人民幣儲蓄存款年底餘額與年增加額仍然很高。

事實上，不只中國的儲蓄率居高不下，歐洲各國以及日本儲蓄率即使在負利率政策之下也是處於高位水準，因此負利率政策可能被市場理解為政府前期寬鬆刺激政策的失敗。這種情況會加劇市場的悲觀預期，從而進一步抑制消費。從資金需求方來看，在之前已經實行了量化寬鬆貨幣政策的情況下，市場利率已經處於較低水準，邊際利率成本的降低會受到限制，除非較大幅度實行負利率，才可能對刺激消費有比較明顯的改善作用。

表5.1　2006—2018年城鄉民眾人民幣儲蓄存款年底餘額與年增加額

時間	城鄉民眾人民幣儲蓄存款年底餘額（億元）	城鄉民眾人民幣儲蓄存款年增加額（億元）
2006年	161587.30	20544.00
2007年	172534.19	10946.90
2008年	217885.35	45351.16
2009年	260771.66	42886.31
2010年	303302.49	42530.84
2011年	343635.89	40333.39
2012年	399551.00	55915.20
2013年	447601.57	48050.56
2014年	485261.30	37659.74
2015年	546077.85	60816.55
2016年	597751.05	51673.20
2017年	643767.62	46016.57
2018年	716038.16	72270.54

資料來源：中國人民銀行

（三）長期消費水準提高是關鍵

　　歐洲央行在2014年6月啟動負利率政策後正面效果主要體現在：一方面歐元顯著貶值，貿易競爭力有所增強，消費者信貸以及消費需求也有所提高；另一方面央行實施負利率的本意是刺激消費，但結果可能相反，正如國際清算銀行指出的，超低利率可能事與願違，讓消費者更加傾向於儲蓄，為了減少負利率帶來的損失，銀行和儲戶會選擇持有更多的現金，很多經濟體追逐現金的大幕也已經拉開。據歐洲央行公佈的資料，歐洲2019年8月年流通中的紙幣高達1.2萬億歐元，創紀錄新高，而這一數字幾乎是十年前的兩倍。在日本，民眾為囤現金或黃金，五金店裡的保險箱已經賣到斷貨；一些銀行帳戶中，利率已經低到了可以忽略不計，人們顯然已經不願意再為了這麼一點收益而承受提不出現金的風險。在瑞士，1000瑞士法郎的流通量在2015年激增17%。2019年，流通中紙幣總面值達到729億瑞士法郎。J.Safra Sarasin（瑞士私人銀行）首席經濟學家卡斯 · 朱尼厄斯指出：「瑞士大額紙幣流通量的激增與瑞士央行貨幣政策之間的關係是顯而易見的。」

　　人們關心長期的消費水準如何變化，從而對經濟增長做出抉擇。利率對消費的作用會受到各種因素的影響，包括複雜的國際經濟環境、每個經濟體的特徵、民眾的行為偏好、人口結構和資產結構的差異等。負利率對消費的影響，既有正向作用，也有

負向作用。在不同歷史時期、不同經濟條件下，正負兩方面作用此起彼伏，時高時低。負利率對經濟的作用還需具體情況具體分析。從整體上看，負利率效應對消費的影響，在短期內可能會有促進作用，特別是對固定資產的消費有促進作用；從長期看，消費水準主要還是取決於收入水準的增加，僅僅依靠負利率的刺激，還難以確定能否提高長期消費水準。

負利率與資產價格

由於資產價格是貨幣政策傳導機制中的重要一環，
所以資產價格的非常變化將導致貨幣政策無法對經濟活動產生有效影響。

——費格森（美國聯準會前副主席）

　　負利率是量化寬鬆貨幣政策，對資產價格會產生怎樣的影響？這種影響又是通過何種管道產生的？從實踐中的效果來看，利率的降低會影響信貸的供給，進而造成資產價格的上漲，而資產價格的上漲則容易形成資產泡沫及通貨膨脹。

影響資產價格

　　資產價格代表的是某一資產預期未來收益的貼現值，由資產的內在價值決定，並受到資產供求變化的影響，合理的資產價格對維持經濟穩定起到不可或缺的作用。一方面，資產價格的波動通過股票與債券市場引起虛擬經濟的起伏；另一方面，房地產價格波動影響社會消費和投資的穩定，從而對實體經濟穩定增長產生影響。新古典經濟學派認為，實際利率對資產價格會產生反方向的影響，即實際利率上升，資產價格下降；反之，資產價格則上升。

　　實施負利率政策會引起資產價格的波動，損害經濟增長與穩定，加劇通貨膨脹。因而，在實施負利率政策前，有必要深入認識負利率政策對資產價格的影響機制和潛在風險。以下將分別討論利率變化對股票價格、房屋銷售價格、大宗商品價格等的影響機制及效果。為方便起見，所有討論將基於通貨膨脹率為零的假設，即負的名義利率代表負的實際利率。

（一）刺激股票上揚

（1）利率與股票的反向變動

　　利率是資金的價格訊號，反映了市場上資金供給盈餘或者短缺的狀況，同時利率政策也是貨幣政策工具中常用的一種。利率波動對股市的影響，需要從短期和長期兩個角度分別考慮。在短期內，利率波動對股市價格的影響較大，可通過資產組合替代效應、股票內在價值、個體或者家庭對經濟形勢預期等幾個不同角度來解釋其影響機制。從長期看，股票價格變動取決於相應企業的盈利水準和外界對公司的前景預期，與利率波動的關係較小。該部分主要對利率影響股票價格的三個作用機制進行闡釋，並通過中國大陸外各國利率波動和股票價格實際變動趨勢加以說明。

　　首先，降低利率所產生的資產組合替代效應會刺激股票價格上漲。根據凱恩斯主義經濟學的假設，家庭的資產組合中一般包括債券、銀行存款和股票。當利率下降時，銀行存款的收益率隨之下降，對個人或家庭吸引力下降，他們會需要其他能夠替代銀行存款的投資管道，如股票、債券。股票市場將會吸收更多的流動性和資金，股票實際需求上升，最終股票價格必將上升。可見，利率波動引起資產組合替代效應，最終利率調控方向與股票市場價格變化方向相反。

　　其次，從股票定價公式出發，也可以理解利率調整對股票

價格的負面影響。股票價格是未來每期股票預期收益的折現值，而利率的調整同時對每股收益和折現率產生反向影響。當利率下降時，企業融資成本下降，減少了成本約束，企業經營狀況好轉，每股預期收益上升；同時央行對基準利率或者其他利率的調整也將通過資本市場傳導至股票定價的折現率上，當央行降低基準利率，股票未來預期收益增多，折現率下降，股票價格上升。

最後，從行為金融學的角度來看，利率調整其實是一種政策訊號，可以影響個人或者家庭對未來經濟的判斷，從而影響投資決策。央行調高利率，實施緊縮性貨幣政策，個人和家庭有理由預期未來經濟面臨衰退或者增速減緩，為了規避風險會減少在股票等資本市場投資，最終可能導致股票價格下降。在對不同經濟體的觀察中可以看到：利率波動和股票價格呈反向趨勢，所以利率調整將會對股票價格產生反向影響。

（2）負利率政策下股票市場變動

美國擁有相對成熟的金融市場，並且其利率市場化程度較高。一方面，聯邦基金利率即美國同業市場的隔夜拆借利率反映了銀行間拆借市場資金的短缺或者盈餘程度，並且由於銀行是金融市場中的重要機構，利率所包含的資金資訊會迅速傳達到決策個體，從而影響其在股票方面的決策；另一方面，聯邦基金利率是官方公佈的基準利率，是其貨幣政策仲介目標之一，非常具有代表性。

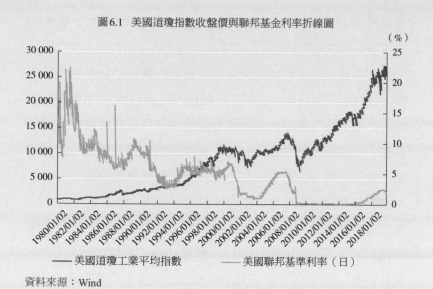

圖6.1 美國道瓊指數收盤價與聯邦基金利率折線圖

──── 美國道瓊工業平均指數　　　──── 美國聯邦基準利率（日）

資料來源：Wind

　　圖6.1描述了美國基準利率和股票指數月度資料隨時間波動的相關性，其中基準利率由美國聯邦基金利率代表，股票市場價格波動則用道瓊指數收盤價的月平均值代表，時間跨度為1980年1月至2019年10月。由此可以發現，道瓊指數和美國基準利率負相關，並且存在滯後性。1980—1986年，聯邦基金利率不斷波動，總體呈不斷下降趨勢，而道瓊指數則緩慢地增長；從2000年1月開始，聯邦基金利率穩步上升，從5.45升至6，最後穩定在6.5左右；而相對應的道瓊指數在2000年3月開

始穩步下降，美國市場利率波動趨勢與股票市場波動趨勢相反，說明降低利率將刺激股票市場價格上漲。

　　很多學者就美國情況對貨幣流動性影響資產價格的作用機制，進行了大量的實證分析。詹森和約翰森（1995）用利率調整方向的變化作為衡量美國聯準會採取緊縮貨幣政策或寬鬆貨幣政策的標準。他們分析了1962—1991年美國股票回報率同貨幣環境之間的關係，發現股票市場同貨幣環境緊密相關，貨幣環境寬鬆時的股票回報要高於貨幣環境緊縮時。帕泰利斯（1997）採用不同的貨幣政策變數也得出了貨幣政策對股票市場產生作用機制的結論。馬沙爾（1992）對美國1959—1990年的季度資料進行分析。他用M1（狹義貨幣供應量）增速同消費占GNP（國民生產總值）的比例進行比較來衡量貨幣增長，發現實際股票回報率同貨幣增長呈弱正相關。康弗、詹森和約翰森（1999）發現一些國家的股票回報同美國貨幣政策的相關度十分顯著，有的甚至要強於同中國大陸貨幣環境的相關度。巴克斯和克雷默（1999）研究貨幣流動性在國際市場間的作用機制。他們發現G7（七國集團）國家貨幣流動性的增加同G7國家真實利率的下降和真實股票價格的上漲保持一致。博爾多和惠洛克（2004）研究了美國歷史上的重大金融泡沫和金融危機，發現金融泡沫的形成一般伴隨著貨幣發行和銀行貸款的超額增長。

　　日本於2016年1月下調超額準備金利率使其為負值，短期內日經225指數保持在16000~18000波動，從2016年8月開始日

經225指數保持穩步上升，直到2016年11月，日經225指數大漲，由不到17000上漲至2018年1月的23990左右，增速超過14％。可見，負利率政策對股市價格增長起到刺激作用，日本降息對日經225指數的影響，也說明降低利率對股市的影響存在一個月到幾個月的時滯。利率的變化不會立刻反映到股票市場上去。

　　中國的利率波動和上證指數波動的相關性同樣顯著。1999—2000年，銀行間7天同業拆借利率不斷下降。同時段，上證綜合指數收盤價直線上升，體現了兩個經濟變數之間的反向變動關係。而在其他時段，利率波動和上證綜合指數波動趨勢沒有體現明顯的負向關係。中國有學者通過一元回歸計量模型實證檢驗了利率波動和股票價格指數之間的關係，結果顯示，中國利率波動和股票市場價格指數呈正向關係，實際利率變動1％，股票價格指數同向變動4.95％。究其原因，一方面，中國存款餘額不因利率降低而流失，金融市場制度不完善，儲戶理財意識較弱，利率下降時，儲戶仍選擇保持儲蓄以應對未來經濟的不確定性。另一方面，股票市場不成熟導致股價無法反映資本市場對股票供求的真實情況。在中國推出負利率政策前，需要慎重考慮利率降低對A股等資本市場的影響。中國銀行間7天拆借利率與上證綜合指數折線圖見圖6.2。

　　雖然利率下調或者負利率政策將刺激股票價格上漲，但必須認識到，如果股票價格上漲的背後沒有平穩的經濟增長作為

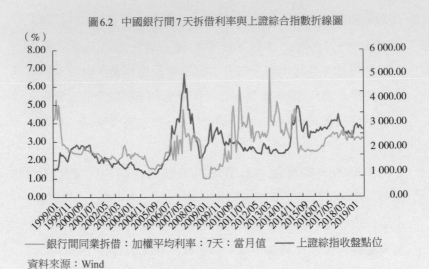

圖6.2　中國銀行間7天拆借利率與上證綜合指數折線圖

──銀行間同業拆借：加權平均利率：7天：當月值　──上證綜指收盤點位

資料來源：Wind

支撐，牛市就無法長期持續。過於依賴負利率政策容易引發股市泡沫，尤其是在中國大陸不成熟的A股市場，任何外在衝擊都有可能引起股市價格大跌，從而引發金融危機。同時，利率的調整也會對股票市場交易規模產生影響。由前文可知，利率反映了資金的盈餘和短缺程度，而股票市場交易規模一般由投入股票市場的總資金和股票價格決定。從理論上講，利率的波動對股票價格和股票交易規模均產生反方向影響。

（二）加劇房地產價格波動

（1）房地產的供需變動

　　房屋作為固定資產的一種，由於其價值的穩定性，在金融市場上扮演著資本品的重要角色。隨著經濟和社會的發展，房屋的價格基本保持不變或者增長的趨勢，並且其價值長期保持穩定，對房屋的定期修繕可以減少其價值的磨損與削減，房屋裝修又可以在一定程度上提升居住的舒適度，從而提升房屋的價值和價格。與股票、債券等投資產品相比，房地產雖然變現能力較差，但勝在價值具有穩定性，並有高額的收益率，因而房地產投資已經成為重要的理財工具。房地產交易往往涉及大額資金的來往，供給方和需求方都有可能會通過信貸管成交易，因而房地產市場屬於資金密集型產業，利率的波動首先影響信貸的供給，從而影響房地產的需求與供給，最終波及房屋的銷售價格。

　　從房地產的供給端來看，首先，房地產商一般通過銀行貸款進行房產項目開發，因而在制定生產決策時，必須考慮利率這一成本因素。其次，央行或者政府通常在經濟衰退時通過寬鬆的貨幣政策降息來刺激經濟增長，銀行等金融機構為了追求利潤，在發放貸款時，會放寬貸款條件，吸引更多的房地產開發商，使原本無法申請到銀行貸款的中小企業能夠在央行降息的大背景下獲得貸款支持。另外，考慮到銀行貸款利率是房地產商面臨的成本因素，利率的降低減少了房地產商面臨的成本約束，增加了企

業對信貸的需求。因此，央行降低利率時，房地產商的貸款利息降低，貸款門檻降低，一個經濟體的貸款總額度將上升，開發商必將擴大生產，社會房地產總供給曲線移動。當然，由於房屋建造通常耗時長，利率對房地產供給的影響存在一個建設週期的時滯。

除了刺激供給端，降低利率也會刺激對房地產的需求。一般來說，購買房地產的消費者可以分為消費型和投資型。前者購買房屋用於自住，後者買賣房屋則用於投資理財。因此，前者購買房屋時，主要的支付手段為房屋貸款分期付款；而投資型消費者一般將其他理財管道的資金轉移至房地產，從而達到規避風險或者保值增值的目的。

目前，中國的城市化率和歐美發達國家相比還存在差距：2009年美國的城鎮化率已經達到82.3％，同期英國城鎮化率為90.1％，根據國家統計局資料顯示，2018年中國大陸城鎮化率是59.58％。在過去十年內，中國房地產存在明顯過熱現象，消費型消費者對房地產的潛在需求數量巨大，利率降低，通過降低房貸利息刺激消費型消費者實現其需求。利率下降時，投資型消費者的機會成本下降，投資於銀行存款的收益率降低，為達到保值增值的目的，投資型消費者會通過調整資產組合，將更多的銀行儲蓄資金投入到房地產。總體而言，利率降低導致房地產需求增長。與供給不同，房地產需求對利率的反應比較靈敏，幾乎沒有時滯。

　　綜合而言，利率下降後短期房地產需求將增加，供給保持在原房地產存量水準上，房價短期內會上升。中國學者王家庭、張換兆（2006）經過實證檢驗後發現，隨著市場經濟的進一步完善和發展，利率對房地產市場的調控作用將越來越明顯。長期來看，由於利率對房地產供給的擴張效應逐漸顯現，會抵消一部分由需求改變帶來的價格增長，房價小幅度下降，最終是否高於利率調整前的價格，則不確定。

　　然而，當利率下降為負利率時，房地產的變動情況則會有所不同。因此，有必要區分降低利率和將利率調整為負值對房地產市場的影響機制的不同之處。在利率逐漸下降至負值的過程中，房地產開發商從銀行獲得的貸款規模不會保持恒速增長，達到某一臨界值後貸款總額度將停止增長，因為房屋的生產和供應受到其他非資金成本因素的約束。另外，負利率政策也會影響房地產開發商和消費者對未來經濟的預期。負利率政策屬於貨幣政策的非常規工具，一般有兩種目標，一是維持匯率穩定，二是刺激信貸和刺激通脹預期。如果是後一個目標，負利率政策則意味著常規貨幣政策對經濟衰退並沒有起到相應的效果，一定程度上會打擊個人、家庭和企業對未來經濟的信心，從而使房地產商在投資房地產市場時更加謹慎，未來房地產供給不一定上升。

（2）負利率下房地產市場的實踐

　　中國目前雖然沒有正式實行負名義利率政策，但實際利率（此處由一年期存款利率減去當期通脹率表示）也分別在2004年、2007年和2008年降低為負值。相應地，2004年和2007年房價增速最快；2008年底至2009年初，房價經歷了短暫的下降，同時實際利率在2009年3月上升至4％左右。伍聰在《負利率效應下的中國經濟》一書中對中國大陸實際利率和房產價格進行實證檢驗後發現，實際利率提高1％，房產銷售價格將降低0.3304％；負利率絕對值上升1％，房地產銷售價格將上升0.3304％。

　　歐洲各國房價的波動也驗證了這些情況。瑞典自2009年開始試驗性地實施負利率政策，近幾年，瑞典的房價也不斷上漲，斯德哥爾摩房價比肩倫敦房價。2014年6月，歐元區為了應對經濟衰退，促進經濟增長，下調央行存款準備金利率至-0.1％。以義大利的房價為例，2014年義大利房價雖穩定不變，但交易量卻創造了歷史新高，2015年義大利房地產價格迎來大漲，不過隨後2016年前兩個季度義大利房價持續下跌，也印證了負利率政策對房價只能起到短期的刺激作用。

　　在美國，自2000年股市泡沫破裂後，為刺激經濟，美國聯準會於2001年開始降息，基準利率從2001年1月的6％降至2003年6月的1％。客觀結果便是房屋貸款利率在此期間下降，房屋銷售價格直線上升。與中國情況相比，美國土地市場完善，房產

銷售價格不會受到土地供給的約束，從而排除了非資金成本約束導致美國房地產價格上漲這一可能性。

　　日本在2016年1月開始實施負的超額準備金利率。在負利率的刺激下，個人房貸增加，房屋銷售價格緩慢上升。但由於政策實施不久，對房價的長遠效果還不明朗。不過，值得一提的是，日本房屋銷售價格曾經分別在1960—1963年、1973—1974年、1987—1990年大幅增長，並且每一輪房價增長都伴隨著日本實際利率的下降。1990年，日本房地產泡沫破滅，也源於日本政府提高利息，導致房地產價格大幅下降。日本的經驗也說明，低利率刺激下的房地產價格虛漲，很不穩定。因此，央行選擇負利率政策需要謹慎考慮。

（三）帶動大宗商品價格上漲

　　大宗商品是指可以進入流通領域的非零售環節、用於工農業生產和消費的商品，如原油、有色金屬、鋼鐵、農產品等。大宗商品的交易一般金額龐大，它的價格和交易也直接關係著生產供給、經濟發展及糧食安全，同時，許多金融衍生品如期貨等亦是建立在大宗商品的交易之上，任何大宗商品交易異常都會通過金融衍生品波及整個金融市場，因而大宗商品價格波動成為重要的經濟變數。

　　利率波動與大宗商品價格變動呈反向關係。當利率下降

時，大宗商品價格一般會上漲，這種影響主要通過市場對大宗商品的需求產生。由於大宗商品的買賣交易量較大，其支付需要得到銀行信貸的支撐，調整利率即意味著調整信貸成本，利率下降，借貸成本下降，許多對大宗商品的潛在需求轉化為實際需求，由供需均衡模型可知，需求上升，在供給不變的情況下，大宗商品價格將會上升。和房地產市場類似，有一部分大宗商品的購買者屬於投資型消費者，調整利率會影響投資型消費者對未來經濟的預期。當政府調低基準利率，投資者更會看好未來經濟增長，從而增加當期對大宗商品的需求，導致大宗商品價格上漲。CCPI（中國大宗商品價格指數）與銀行間7天同業拆借利率折線圖如圖6.3所示。

　　CCPI指數反映了中國大陸大宗商品價格的波動，它以2006年10月為基期，是利用加權平均法計算的定基指數，涵蓋能源、鋼鐵、礦產品、有色金屬、橡膠、農產品、牲畜、油料油脂、食糖等商品。由圖6.3可知，基準利率與大宗商品價格指數的反向變動關係不是非常顯著，2007年10月至2008年4月，7天銀行間同業拆借利率不斷下調，相應地，CCPI指數也直線上升，由110直線上漲至154，這段時間，基準利率下調引起大宗商品價格上升的趨勢較為明顯，而在其他時間段內，利率對大宗商品價格指數的逆向影響作用較為微弱。主要原因有兩個方面：一方面，中國大陸大宗商品期貨交易發展不成熟，期貨交易參與的機構投資者數量少，中國大陸幾所交易所交易規則不

圖6.3 CCPI與銀行間7天同業拆借利率折線圖

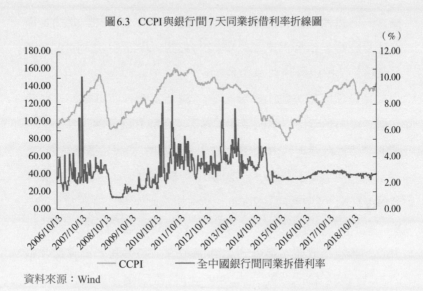

資料來源：Wind

圖6.4 美國CRB指數與基準利率的波動趨勢折線圖

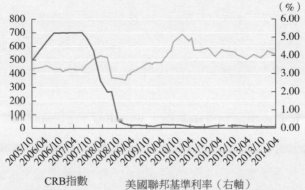

資料來源：匯通財經

完善，導致價格訊號扭曲；另一方面，中國大陸大宗商品定價往往受到國際市場大宗商品價格的影響，從而中國大陸大宗商品價格無法準確反映利率的變動。

發達國家如美國由於金融市場較為完善，利率對大宗商品價格的反向影響比較明顯。圖6.4是美國CRB指數與基準利率的波動趨勢折線圖，其中CRB指數是美國的大宗商品價格指數。

2008年金融危機後，美國聯準會開始實行一系列寬鬆貨幣政策，在圖6.4中體現為2008年後聯邦基金利率直線下降。2008年，由於受到金融危機及全球經濟衰退的影響，CRB指數一度下降。2009年開始，隨著全球經濟復甦，基準利率下調對大宗商品價格的影響開始顯現。2009—2011年CRB指數保持增長，2011年迎來小幅下降，之後CRB指數穩定地保持在500~600。美國相對中國擁有更為成熟的金融體系，因而利率調整對大宗商品價格的影響機制和效果更接近理論分析。

綜合以上分析可以看出，降低利率將會刺激股票、房地產、大宗商品等資產價格的上漲。利率的降低促使資金流入市場，資金的大幅流通進一步提升了資產價格，在市場的作用下，資金會較多湧入黃金、房地產以及大宗商品市場，由此也推高了黃金的價格和房地產的泡沫。全球大宗商品市場自2019年來出現的明顯回升，如原油、農產品（糖、棉花、大豆等）等價格的上漲都是由資金帶動的。2008年金融危機後，美國聯準會推出一系列貨幣寬鬆政策，旨在通過降低利率水準刺激經濟

增長。2008年12月，貨幣寬鬆政策初見成效，聯邦基金利率已經接近0。隨後，CRB指數首先做出反應，從2008年11月的363.66上漲至2009年11月的474.86，漲幅為30.57％。股票價格也在2009年初迎來增長，2009年6月，道瓊綜合指數月加權平均值為8447，到2009年12月上漲為10428，漲幅達23.45％。利率的降低對於資產價格的刺激作用可見一斑。

不過利率變動對資產價格的影響也存在一定的滯後性。股票價格對利率較為敏感，利率調整後資本的逐利性使其從其他管道流入股市，股票價格緩慢增長；而房價對利率調整的反應較慢，一般需半年或者更長時間，這是由於房地產存在建設週期且交易手續較為冗雜；大宗商品的價格則會受到很多經濟因素的影響，進而會影響利率傳遞到大宗商品的效率。

扭曲通脹目標

（一）推升價格形成泡沫

當負利率刺激資產價格上漲甚至大幅度偏離其內在價值時，還將引起資產泡沫，傳導至消費品和生產要素，最終引起全社會物價指數上升，引發通貨膨脹，對實體經濟運行造成傷害。負利率是政府或者央行為了刺激經濟增長所採用的貨幣政策手

段，負利率本身是扭曲的資金價格訊號，所以由負利率引發的資產價格上漲也是一種扭曲的價格訊號。

資產泡沫指一種或者多種資產的名義價值和其內在價值極大偏離的現象。當出現資產泡沫時，資產的名義價格難以長期維持，外在沖擊容易引起資產價格波動，從而引發金融危機。和實體經濟相比，以股票、大宗商品和房地產為代表的資產的投資回報率上升的空間比較大，並且其回報收回週期短，更容易引發過度投機行為，從而導致資產價格極大偏離內在價值。當名義價格嚴重偏離其內在價值時，便產生了資產泡沫。在處於負利率的經濟環境中，人們發現儲蓄必虧無疑，而投資或投機至少有保本和賺錢的機會，很多本來適合長期存款的儲蓄者就會變成投資者或投機者，他們會無意識地合力推高從房子到股票再到大宗商品的一切資產價格。

資產的泡沫起伏還具有社會財富再分配的效果，在國際資本自由流動的背景之下，又兼有國別間財富再分配的效果——這都意味著在經濟停滯期，負利率的選擇可能進一步強化低通脹的水準。由實體經濟決定的資產內在價值幾乎不變，但是負利率推升名義資產價格，進而使名義價格嚴重偏離其內在價值形成資產泡沫，使資產價格較為脆弱。同時負利率政策進一步壓縮了銀行、保險、社保等金融機構利潤，導致在經濟衰退的情況下銀行難以維持，被迫將資金投資於高風險產品，引發過度投機行為，積累金融風險。另外，股票價格與房價等資產價格由未來預期的

收益決定，因而個人、家庭或者企業對未來穩定的預期有利於資產價格的穩定，任何引發人們改變未來預期的事件都有可能導致資產泡沫的破裂。2008年的金融危機便是由資產泡沫的破裂引發的；雷曼兄弟的破產及美林的收購，使投資者意識到了資產泡沫背後的金融風險，改變了投資者對未來經濟形勢的判斷，社會各界紛紛拋售手中的資產，最終導致資產價格的集體下跌，引起金融危機的全面爆發。

(二) 低利率伴生低通脹

負利率是「低增長＋低通脹」的產物。較長的低通脹及溫和的物價水準，進一步降低了人們的通脹預期，全球貨幣寬鬆又使人們對幣值存疑，從而加大了對保值資產的追逐和競爭。

隨著中國大陸經濟水準的不斷提升，民眾收入不斷增長，個人和家庭理財觀念增強，財富中用來購買資產的部分越來越多，資產價格的波動將深刻地影響消費、投資和經濟增長，資產價格在社會總價格體系中扮演著越來越重要的角色，因而，負利率通過影響資產價格進而造成通貨膨脹越來越顯著。通貨膨脹率和資產價格變化率之間互相影響，兩者變動基本一致。在經濟復甦與繁榮時期，通貨膨脹率先於資產價格變化率發生改變；而在經濟衰退與蕭條時期，資產價格變化則率先於通貨膨脹率發生改變。在實施負利率政策時，經濟體一般處在經濟減退階段，資產

價格的變動會引起通貨膨脹，會對經濟增長帶來隱患。

　　通脹發生的原因非常複雜，負利率本身可能並非引發通脹的主因，但是它能為通脹惡化推波助瀾。通脹歸根結底是因為過多的貨幣追逐有限的商品。首先，負利率將讓本來選擇長期存款的人選擇短期甚至活期存款，讓本來選擇儲蓄的人選擇消費，因此釋放更多的貨幣到商品市場中，從而進一步推高通脹。其次，在負利率環境下，資本成本較低，容易引發過度投資行為，導致通貨膨脹率上升。再次，負利率政策使資本流出本國，流向其他收益率更高的國家，導致進口商品價格上漲，引發輸入性通貨膨脹。最後，負利率政策刺激資產價格上漲，持有資產的消費者財富升值，消費傾向變大，商品價格也因需求的上漲而上漲，最終引發通貨膨脹。伍聰對負利率和通貨膨脹的關係進行實證檢驗，結果發現負利率對通貨膨脹起正向作用，負利率的出現導致通貨膨脹更加嚴重。

　　總之，負利率政策通過不同管道推高資產價格，引起通貨膨脹，引發資產泡沫，積累金融風險。金融危機多次證明，資產泡沫危及經濟健康運行。因此，負利率政策雖然可以刺激資產價格短期內上升，但容易誘發資產泡沫，產生通貨膨脹壓力。負利率的實施會通過其他管道刺激物價上升，無論是資產泡沫還是通貨膨脹，都不利於經濟健康穩定運行。在資產價格上漲階段，通過財富效應，激勵人們擴大消費，最終傳導至一般性商品價格上漲；但資產泡沫一旦破滅，社會財富大量縮水，會造成貸款損失

和債務通縮循環，產生的通縮效應往往比單純的一般性商品通縮更為劇烈。儘管通脹目標一直被多數央行視為首要的貨幣政策目標，但當金融市場動盪時，央行會在利率決議上是否「唯通脹目標」實際已發生重大改變。就實施效果而言，負利率有一定的影響通脹和匯率的作用，但需要較長時間才能體現出來。

負利率與投資

新市場的擴大一般不會引起長時期的經濟高漲，
相反，經濟高漲會使擴大新市場成為可能和必要。
技術的新發現一般出現在長週期的下降階段，
這些新發現只會在下一個大的上升階段開始時被大規模地應用。
——康得拉季耶夫（俄羅斯經濟學家及統計學家）

　　投資與宏觀經濟形勢密不可分，反映了經濟發展的擴張和收縮交替的總體趨勢。通過負利率對債券、銀行、股票市場的影響以及對社會投資的影響進行分析，找尋新的投資方向和內在動力。

負利率與金融投資

（一）債券市場

　　負利率政策實行的主要目的在於緩解經濟的通縮壓力，提振經濟，促進經濟增長。負利率政策的傳導，需要通過市場的作用使債券市場的收益率變動從短端傳至中長端、長端債券市場，再進一步影響銀行的零售存貸款利率，從而影響信貸規模和實體經濟投資環境。負利率政策的實施，首先影響的是債券等固定收益投資市場。

　　現今多個經濟體的國債收益率已變為負值。全球負收益債券規模已近16萬億美元，占全球總債券約30％，包括歐洲部分國家及日本超過50％的主權債務。實行負利率的眾多歐洲經濟體（如丹麥、荷蘭、比利時、奧地利、法國等）的2年期、5年期、10年期國債收益率均為負，德國、荷蘭的30年期國債收益率甚至也已經為負。同時，大約2/3的日本政府債券都是負收

益。2016年2月，日本政府發行最長5年期的負收益率債券；同年3月，日本政府拍賣了價值2.2萬億日元的10年期負收益率債券，這是1980年以來日本國債首次低於日本央行政策利率。截至2019年9月，日本的2年期、5年期、10年期國債收益率分別為-0.31％、-0.35％、-0.26％。

　　負利率政策對債券收益率降為負值的影響因素主要有三個方面。第一，負利率政策會壓縮銀行的利潤空間，迫使銀行選擇債券等固定收益以填補銀行的損失，進而導致長期國債收益率下跌。對於商業銀行來說，在央行的存款利率降到負值還選擇保留超額準備金，是為了規避高風險的貸款和投資活動，並保持必要的流動性。在負利率政策下，銀行在央行的超額準備金為負收益，同時銀行又難以將負利率轉到資產負債表，利率的進一步下調勢必壓縮銀行的利潤空間。銀行為了保證收益率，並不一定會增加對更高風險、更高收益借貸主體的信貸投放，主要原因有兩個：一方面，對保障利潤率的追求可能會使銀行更加謹慎放貸，希望借貸給信用更高的企業從而保證回報；另一方面，經濟增長緩慢的宏觀經濟環境使好的投資標的更加稀缺，企業基於未來回報前景可能沒有借貸意願甚至沒有借貸能力。因此最終過剩的流動性不是用於擴張信貸，反而會進入固定收益證券等市場，以對沖銀行超額準備金被徵收負利率的損失。

　　從實踐情況來看，2016年3月歐洲央行第三次進一步調低負利率——存款工具利率從-0.30％下調至-0.40％之後，不同於前

兩次負利率政策股市上漲的反應，股票市場在當天升至最高點後急劇下跌，正是過剩的流動性大量購買政府債券和部分公司債，導致債券收益率一路下跌，以致出現負利率債券。如圖7.1所示，歐元區10年政府債券收益率不斷下跌，即使歐洲央行調整存款利率，但債券收益率只有短期內的暫時增長，長期看國債收益率一路下跌，2019年收益率已經觸碰零收益，主要原因是，在負利率和其他非常規貨幣政策的綜合作用下，歐元區貨幣市場和債券市場流動性持續下降，因此負利率已傳遞到長期債券市場。2019年7月，法國10年期國債收益率開始轉為負，德國10年期國債收益率一度降至-0.75％，刷新歷史新低。國債收益率降至負值又進一步壓縮企業投資利潤空間，使部分企業債券利率也降至負值。根據歐洲央行公佈的企業債持有資料，目前約16％的歐洲投資級企業債收益率為負值。

但是，即使這些經濟體的國債收益率為負，投資者仍趨之若鶩。以日本政府為例，2016年3月發行的10年期負利率國債，其認購數量是發行量的3.2倍。1999—2019年日本央行的基本政策利率見圖7.2。投資者選擇債券的邏輯可能如下。首先，在全球經濟增長持續放緩的環境下，歐洲、日本的經濟前景並不樂觀，通縮的預期，使名義收益率已為負值的國債實際收益率可能轉為正值，這使負利率債券依然具有吸引力。其次，投機者也有追逐資本收益的動機，只要有人認為央行將繼續推動收益率進一步低於零，交易員仍可通過更高價格售出而獲利。再

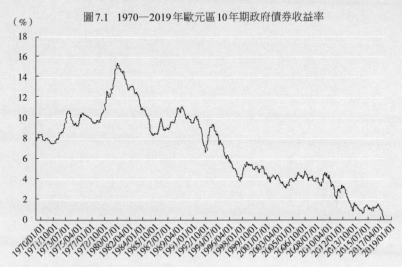

（%）

圖7.1　1970—2019年歐元區10年期政府債券收益率

資料來源：歐洲央行

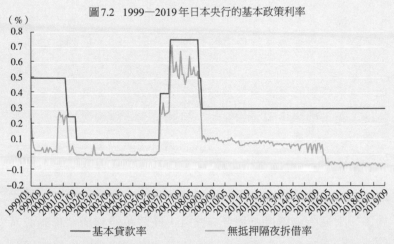

（%）

圖7.2　1999—2019年日本央行的基本政策利率

──基本貸款率　　──無抵押隔夜拆借率

資料來源：日本央行

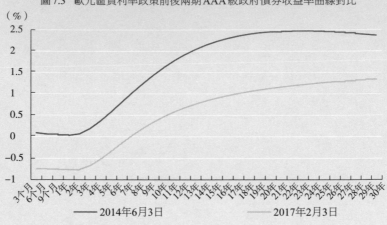

圖 7.3　歐元區負利率政策前後兩期 AAA 級政府債券收益率曲線對比

資料來源：歐洲央行

次，瑞典、丹麥等部分經濟體有貨幣升值預期，它們的負利率
債券也能夠吸引投資者。最後，無論政府債券的回報率高或
低，國債相對股票、企業債券和大宗商品而言，仍具有安全的
特性，大型機構投資者如保險公司和養老金機構為滿足其資產
配置的需要，仍然會持有一定比例的政府債券。

　　第二，在一個順暢的利率傳導機制中，央行與商業銀行之
間的負利率會傳導至銀行間市場隔夜利率，而銀行間市場隔夜
利率加上期限溢價後，又會傳導至中長期國債利率。長期國債
收益率的下降，正是貨幣政策對利率期限結構的影響從短期初

步傳導至長期的結果。當市場預期短期利率進一步降低時，將會選擇購買更多長期債券以求獲得穩定的回報率，換句話說就是期限溢價隨之增加，從而導致債券價格上漲，壓低了其收益率。如圖7.3所示，對比歐洲央行實行負利率政策前後AAA級中央政府債券收益率曲線發現，實施負利率政策之後的收益率曲線比實行前更平坦，反映了市場普遍預期長期利率會有進一步下降的空間，從而追加長期債券的購買量，進一步推高其價格，使其收益率下降幅度大於短期債券收益率。

第三，債券收益率降為負值也是由於全球政治的不確定性而產生了避險情緒。日本、德國、法國、瑞士等國的國債市場出現的負利率，並不一定是這些國債的發行利率為負，而是因為在低利率情況下，避險需求導致的國債市場價格進一步走高，國債收益率轉負。如2016年6月，據國際評級機構惠譽統計，受英國脫歐公投事件影響，全球負收益率債券規模是11.7萬億美元，較5月底增加了12.5%（管濤，2016）。這恰恰是政治因素的避險需求而導致負利率存在的合理性解釋。

隨著全球貿易局勢的變化，歐元區的經濟增長面臨很大的不確定性。為應對這種不確定性，歐洲央行會再次採取量化寬鬆政策。2019年9月，歐洲央行宣佈，也已是負利率的基礎之上將存款利率進一步下調10個基點，同時重啟QE。預計收益率為負的債券的數量仍將繼續增長，因為各國央行在經濟增長緩慢復甦的環境中，正是想以「創新性的方式」來維持更寬鬆的貨

幣政策，而世界各國央行實施負利率，將導致更多的資產進入
負收益率的行列。

（二）商業銀行

　　商業銀行等金融機構是央行利率政策傳導的第一環節。央
行直接影響商業銀行在央行的存貸款利率（短期利率），進而通
過前瞻性指導等政策引導市場參與者的預期，或者直接通過大規
模政府債券的公開市場操作，來最終影響利率期限結構。

（1）負利率壓縮銀行收益空間

　　利率下調對商業銀行利息淨收入的影響主要來自四個方面
（博裡奧和朱，2008；博裡奧和萊昂納多）。一是零售存款稟賦
效應。零售存款的利率因為銀行的壟斷定價和交易服務而普遍
低於市場利率，當央行政策利率降低時，存款利率低定價空間
將被壓縮，並壓縮了銀行的淨利率收益。在高通脹時期，淨利
率收益是商業銀行盈利的一大來源。但當政策利率下降到極低
水準時，因為零售存款利率不可能為負，這種低定價更是受到
限制，意味著此時利率水準和淨利息收入之間存在非線性關
係。二是資本稟賦效應。權益資本雖然不需要還本付息，但在
籌資成本不變的情況下，利息下降時這部分資產價值也隨之下
降。三是數量效應。銀行貸款對市場利率的需求彈性比存款更

高，因此如果利率水準的下降如期使信貸規模擴張，則會提高銀行的利息收入。四是政策改變使一個均衡轉向另一個均衡中的轉移動態效應。銀行的壟斷或者市場認為利率的變動是短期行為，使貸款利率比存款利率調整更遲緩，這意味著在其他條件不變的情況下，當利率下降時銀行利息收入隨之增加。

如圖7.4所示，實施「負利率」政策的國家的銀行業淨利差水準（表徵淨利息收入）都處於長期下降的態勢或低迷狀態。負利率政策實施較早（2012年7月）的丹麥對銀行業盈利水準的提

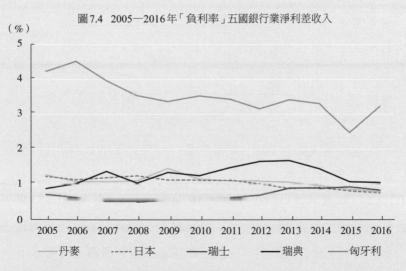

圖7.4　2005—2016年「負利率」五國銀行業淨利差收入

資料來源：世界銀行全球金融發展資料庫

升效果不佳,而歐元區自負利率政策推出(2014年6月)之前,於2013年本已經扭轉頹勢,但2015年歐洲代表四大行總淨利息收入增速卻挫傷了市場預期。2015年受加息和歐元區負利率政策的影響,美元兌歐元年均升值達19.6％。2016年受英國脫歐影響,美元兌英鎊年均升值達13.6％,如果換算成美元計價,歐洲四大行2015年收入情況全面惡化,體現出負利率政策的負面影響。歐洲央行一如市場預期維持負利率政策,與QE規模不變和美國加息預期形成鮮明對比,更進一步使歐元與美元利差擴大,使資金加速流向美國,銀行業壓力上升。由此可以預期,未來負利率政策對銀行等金融機構的負面影響將持續加大。

收益率曲線的斜率也影響銀行的淨利息收入,越陡峭的收益率曲線越能使銀行獲得更豐厚的淨利息收入。從某種程度上說,這種效應只是臨時起作用,因為所有銀行的負債都是基於市場利率的,隨著時的推移,政策利率的調整使收益率曲線斜率發生的改變會被市場追蹤到,唯一能夠獲得持續收益的是期限溢價部分,因此期限溢價的負衝擊會顯著侵蝕銀行盈利。如果銀行因為壟斷定價權,如將零售存款利率低估報價,那麼就能獲得比真實收益率曲線更高的風險溢價。因此利率下調壓縮了銀行定價空間,不利於銀行淨利息收入。此外,收益率曲線斜率的變化也擁有數量效應,對固定利率抵押貸款的需求彈性明顯要高於中期存款需求,因此當收益率曲線變得更平坦時,市場將預期遠期整體利率會有比短期更大的下降空間,將顯著

降低固定利率抵押貸款數量，從而壓縮銀行利潤。

　　一般來說，低利率將增加銀行的非利息收入，這在一定程度上會彌補銀行的損失。第一，更低的利率將使銀行證券資產組合價值增值。第二，利率下降時通過利率互換產生的對沖風險效應有助於改善非利息盈利。對於銀行來說，負債（銀行儲蓄存款等）需要支付固定利率，而資產（借貸債權）浮動收益，並且前者比後者期限更短，因此對於利率的變化，存款利率調整間隔時間更短，此時若發生未預期到的利率下降或收益率曲線變得更平坦，無疑將使銀行因稟賦效應獲得利差增大。第三，手續費和傭金占到了銀行60％以上的非利息利潤來源（金融危機時期甚至達90％），手續費和傭金的取得有許多不同的類型，從直接與存貸款相關的活動（如信用額度、交易服務），到更多與投資銀行業務相關的服務（如交易、並購）。雖然很難在二者之間建立明確的聯繫，但是在一般情況下，給定巨集觀經濟背景不變，低利率都將會增加收入，主要通過低利率降低貨幣價值，儲戶可能會更有意願讓專業投資服務來 明管理投資組合，增加銀行和其他金融機構的非利息收入。但如圖7.5所示，這部分收入無論是總量還是增幅都十分微薄，以美元計價更是負增長的「重災區」。一個令人信服的解釋是 經濟增長缺少根本動能，表現在投資業界缺少好的投資項目，即使低利率刺激人們尋求專業投資服務，但是機會的缺乏與高收益項目的高風險性，使人們大多只好繼續選擇存放銀行，寧願承擔低利率的損失，

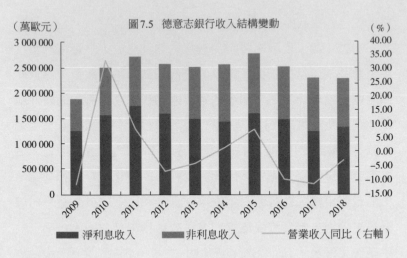

（萬歐元）　　　　　　　圖7.5　德意志銀行收入結構變動　　　　　（％）

■ 淨利息收入　　　■ 非利息收入　　　── 營業收入同比（右軸）

資料來源：Wind

也不去冒險追逐更高的收益率，這便是幾次負利率政策推出
後，銀行股下跌趨勢不止反而愈演愈烈的原因。自2016年3月
歐洲央行第三次負利率政策推出之後，歐洲銀行股價引領整個
股市下跌。2017年2月8日，歐美銀行股價再次領跌股市——直
接原因雖然是歐洲銀行業進入財報發佈季，不及市場預期，但
從長期來看，無疑是利率長期下調導致銀行業利差空間被壓縮
的結果。

（2）負利率影響銀行資產品質

利率的變動也會影響銀行的資產品質狀況，利率變動通過影響借貸損失準備金通道作用於銀行盈利，更低的利率和更平坦的收益率曲線與借貸損失的減少密切相關。一方面，較低利率通過減少償債負擔來降低現有債券的違約風險，使銀行可以減少撥備覆蓋率。另一方面，通過所謂的「風險承擔通道」增加新借債券承擔的風險。長期的低利率往往與危機緊密聯繫，擴張性的貨幣政策使銀行可貸資金充裕，銀行為了追求收益和風險平衡，基於對未來風險等宏觀經濟形勢的判斷，風險承擔偏好不高，這就會導致銀行提高信貸標準，使企業和民眾貸款難度增加，一部分抵消了貨幣政策的效用，這就是負利率政策可能失效的機理。但隨著擴張性貨幣政策長期持續引發信貸規模膨脹，不僅使貸款成本降低、資產價格上升，也使銀行等金融機構的風險承擔意願上升，最終使新增加的信貸流向風險更高的領域，從而借貸損失準備金也隨之增加（德尼科洛等人，2010）。這兩個效應能在一定程度上相互抵消，但因為現有浮動利率貸款的流動性一定會大大超過新增貸款的數量，所以整體效應應該是正向的。收益率曲線斜率對借貸損失準備金的作用與數量效應類似，對於給定的短期利率，更平坦的利率水準使平均利率水準更低。2005—2018年「負利率」六國銀行信貸占GDP的比重見圖7.6。2005—2016年負利率六國銀行股本回報率見圖7.7。從圖7.8和圖7.9可知，雖然資本充足率狀況因為銀行

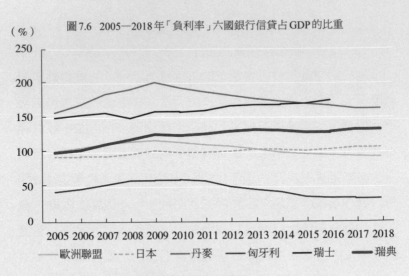

圖7.6　2005—2018年「負利率」六國銀行信貸占GDP的比重

資料來源：各國央行、世界銀行全球金融發展資料庫

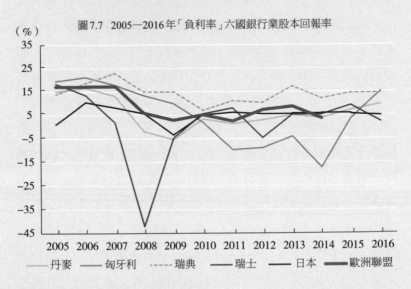

圖7.7　2005—2016年「負利率」六國銀行業股本回報率

資料來源：世界銀行全球金融發展資料庫

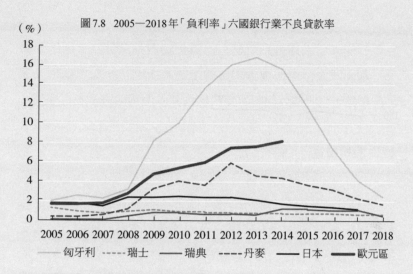

圖7.8　2005—2018年「負利率」六國銀行業不良貸款率

（%）

匈牙利　　瑞士　　瑞典　　丹麥　　日本　　歐元區

資料來源：世界銀行全球金融發展資料庫

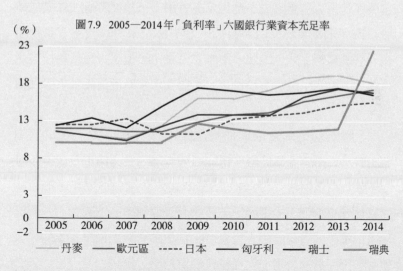

圖7.9　2005—2014年「負利率」六國銀行業資本充足率

（%）

丹麥　　歐元區　　日本　　匈牙利　　瑞士　　瑞典

資料來源：世界銀行全球金融發展資料庫

監管的加強而天然得到改善，但歐洲總體不良貸款率卻節節攀升。歐洲四大行撥備覆蓋率整體上也有所上升，基本延續了之前的趨勢，說明使負利率貨幣政策失效的機制佔據了主導地位。

(三) 股權投資

股權投資通常是長期持有一個公司的股票或者通過PE（私募股權投資）、VC（風險投資）等形式進行長期股權融資，最終通過退出獲利，是一項中長期投資行為。當前，世界經濟處於「康波」（康得拉季耶夫之長週期的簡稱）從衰退後期向蕭條期過渡階段。從人工智慧、機器人、新能源和無人駕駛汽車等新產業發展現狀來看，美國依然是科技主導國，可預期新科技、產業革命正方興未艾，將會由新科技、產業穩步增加的收益率帶動整個利率體系的上升。因此，應該立足長遠，堅定持有新科技、產業股權，堅定中長期價值投資，才能在未來新產業蓬勃之際獲取回報。

利率意味著創業企業通過債務市場能獲取投資資金的管道相對較多，借貸企業面臨較低的風險溢價，從而使借貸成本下降（阿克斯和奧德斯，1994）。如果收益率曲線斜率變小，既意味著平均利率的進一步下降，更意味著長期利率的下降壓力，使無論是機構投資者還是個人投資者，都更願意承擔創業資本的投資風險，因而有利於增加股權投資的供給。

負利率與社會投資

（一）企業投資

　　低利率和負利率環境下，理論上受益的是各類公司，更低的利率降低了企業的融資舉債成本，擁有債券、股票發行權的企業可以增發更多的債務置換自己的股份，從而在虛擬經濟中完成自我循環，雖無助於增加國民收入，但卻能改善自身的經營狀況。

　　在地方政府和國有企業借貸約束遠遠低於民營企業的情況下，2016年第一季度，中國大陸債務總額雖然占GDP的比值達到創紀錄的237％，但對1998—2013年近400萬個工業企業樣本進行分析後發現，負債最多的50家企業總負債就高達11萬億元，占債務總量的54％，總槓桿率的上升歸因於大型、國有、上市的央企、國企（鐘寧樺）。民間融資難、借貸約束強的問題，使這段時期中小企業負債率持續大幅下降，大型企業也有微幅下降。這說明整體經濟已經開足馬力放水，市場難以充分消化借貸額度，使降低利率的貨幣政策對信貸增幅收效甚微，同樣的邏輯適用於歐元區。

　　在經濟困局當中，低利率、負利率等貨幣政策要想使資金「脫虛入實」，無疑是難上加難，短時間內難以解決經濟結構長期錯配的弊病。長期來看，必須有賴於新科技、新產業的革新，

才能帶動全產業提質增效，恢復盈利能力，拓展投資管道，進一步刺激企業投資意願，使經濟重新進入新一輪康波的繁榮期。

(二) 公眾投資

負利率時代，債券的收益率在不斷降低，銀行等金融機構的盈利也承受壓力，股權投資需要非常高的資金准入門檻，不適用於廣大普通投資者。首先，由於美元已經步入強勢通道，新興國家增長疲軟，與發達國家投資回報率逐漸縮小差距，在新興國家風險未有大幅改善的情況下，同樣的收益使全球資金由新興國家回流向發達國家以追逐更避險、更安全的資產。因此，相對高淨值人群可通過QDII（合格境內機構投資者）或與有QDII資格的機構合作的形式，投資境外債券、貨幣基金等低風險資產，以平抑貨幣貶值損失。

「盛世藏古董，亂世藏黃金。」在經濟繁榮時期，民眾財富迅速增長，此時古董等炒作的空間大。但在經濟蕭條時期，各行各業都在去槓桿、削減產能，新經濟增長動能尚未培育成熟，同時各種不確定性因素大大增加，如歐洲難民危機、恐怖襲擊、英國脫歐、義大利公投、美國川普總統上臺以及三大產油國突然減產促使全球通脹等就是典型事例。因此這一時期，黃金等貴金屬就成了民眾避險資產的首選。

銀行理財產品雖然收益率在不斷下降，但是其由銀行作擔

保的穩健兼顧高收益（相較於存款利率）特性，是初次理財投資者的優選目標。根據2016年年末的資料，334家銀行發行的7352款銀行理財產品平均收益為3.98％，相比於2.21％的存款利率仍然十分有吸引力。貨幣基金由於高收益、申贖靈活和幾乎零風險的優勢而成為銀行理財的最佳替代品。尤其是互聯網「寶寶」類產品，雖然不再像2013年剛推出時那樣鼎盛，但年化收益率依然可以跑贏通脹。

房地產市場作為投資的「常青樹」，因其作為大多數國家的支柱產業以及消費的剛性需求而具有無可比擬的優勢。2016年以來，在中國投資市場缺少投資管道、投資市場不景氣的背景下，房地產市場一枝獨秀，一、二線城市輪番接續上漲勢頭，在「資產荒」的大環境下，成為唯一的避險產品。

在新舊經濟動能交割切換的投資空檔期和經濟失速期，「資產荒」是必然現象，或許維持資產價值跑贏通脹已是較佳的決策，公眾更應該致力於自身健康、子女教育，尤其是職業能力提升的投資，這才是在迅猛劇變的當今世界最明智的投資抉擇。

投資週期與主題轉向

自大蕭條以來，學術界對於經濟週期的研究，大致可歸納為五大主要流派：傳統凱恩斯主義的內生經濟週期理論、現代貨

幣主義、理性預期學派、新古典實際經濟週期理論和新凱恩斯主義DSGE（動態隨機一般均衡）理論。從具體根源來看，可劃分為消費不足論、投資過度論、貨幣信用過度論、創新理論、心理理論、太陽黑子理論和政治週期理論等。學術界追根溯源的科學探索已經將經濟週期的根源論述清楚，同時投資業界則借鑒了週期類型的劃分，對長週期亦即長波、康波週期進行了廣泛研究，這些對當前世界經濟在經濟週期中的定位以及未來的投資方向都具有重要意義。

　　對經濟長週期的解釋，大多是從熊彼特的技術創新理論和康波週期理論出發，通過技術的創新革命和主導產業的演化推動新一輪經濟增長，伴隨技術的大規模創新應用、漫化和深化，以及信貸的大幅擴張使經濟進入繁榮階段；之後，經濟進入平穩增長期，在平穩增長中技術創新逐漸衰竭，最終爆發矛盾，接著經濟進入衰退和蕭條期。因此，只有通過新的科技突破，才能引領新經濟的復甦。

　　自第一次工業革命至今，世界經濟共經歷了五次長週期。對1973年以前經濟長週期劃分受到廣泛認可的是雅各‧范杜因，在他的劃分中有繁榮、衰退、蕭條和回升四個階段，並且以標誌性技術的創新為分水嶺，如表7.1所示。周金濤（2016）認為，由20世紀90年代互聯網資訊技術革命推動的世界經濟繁榮期，因2007年次貸危機的爆發而轉入長週期的衰退期，也被其稱為康波衰退一次衝擊。從康波的一般理論來看，衰退階段開

表7.1 世界經濟史上的五輪經濟長週期（1782—2019年）

康波週期	繁榮	衰退	蕭條	回升
第一波 （紡織工業和 蒸汽機技術）	1782—1802年 （20年）	1815—1825年 （10年）	1825—1836年 （11年）	1836—1845年 （9年）
第二波 （鋼鐵和 鐵路技術）	1845—1866年 （21年）	1866—1873年 （7年）	1873—1883年 （10年）	1883—1892年 （9年）
第三波 （電氣和 重化工業）	1892—1913年 （21年）	1920—1929年 （9年）	1929—1937年 （8年）	1937—1948年 （11年）
第四波 （汽車和 電子電腦）	1948—1966年 （18年）	1966—1973年 （7年）	1973—1982年 （9年）	1982—1991年 （9年）
第五波 （資訊等技術）	1991—2007年 （16年）	2007年至今	—	—

資料來源：陳漓高和齊俊妍（2007），Wind。

注：陳漓高和齊俊妍續寫了1973—1991年的中斷期因發生重大戰事的破壞使世界經濟資料缺失而難以統計分析。第五次長波週期時間段劃分則採納周金濤的觀點。

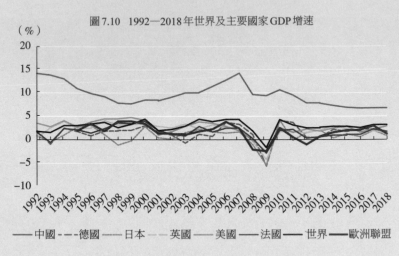

圖7.10　1992—2018年世界及主要國家GDP增速

資料來源：世界銀行世界發展指數資料庫

始，都會出現一個標誌性的經濟危機，第四次康波中，1971—1973年布列敦森林體系的崩潰和此次全球金融危機就是最好的例證。2008年金融危機後，中國經濟依然能一枝獨秀，很重要的原因是高達4萬億元的刺激計畫。學界爭議中有的認為當時4萬億元正是去向現在產能過剩「重災區」的鋼鐵、水泥、煤炭、石化等產業，使如今供需錯配的嚴重結構性矛盾越發難以解決。因此，中國的特例，可以用政府外生干預導致衰退後延以及中國移動互聯網不同尋常的繁榮來解釋。因此，應以2008年金融

危機作為世界經濟繁榮和衰退的分界線。1992—2018年世界及主要國家GDP增速見圖7.10。

　　在新的週期尚未明確之際，全球範圍內對新技術、創新和創造的投資需求極為強烈。因此，如增長乏力、失業率上升、債務高企、貿易和投資低迷、金融槓桿率居高不下、國際金融和大宗商品市場波動等一系列問題都只是表象，這無疑是對「負利率時代」全球經濟現狀的最佳詮釋。面對相對疲軟的世界經濟，一些國家希望通過實施寬鬆貨幣政策等刺激措施以求推動經濟的復甦。然而事實證明，簡單的貨幣政策刺激，並不能為世界經濟增長帶來長期穩定發展的內在動力，而經濟復甦根本上需要新一輪的技術革命。在這一背景下，新一輪科技革命風起雲湧，資訊、生物、新材料和新能源等技術交叉整合，不斷向經濟領域廣泛滲透，這無疑是轉變經濟發展方式、培育內生經濟增長動力的突破口，更是當下和未來投資的風向標。社會和企業只有找到真正的內生動力，通過投資新的方向，開啟新的週期，不斷革新生產效率和技術，才能在低迷增長中突圍——負利率不過是為這場「突圍戰」爭取到多一點的時間和空間而已。

負利率與匯率

資金將從低利率國流向高利率國以謀取利潤。
但套利者在比較金融資產的利率時，
還要考慮兩種資產由於匯率變化所產生的收益變動。
——凱恩斯（英國經濟學家）

　　實施負利率政策的目的之一，在於穩定本國的匯率以維護本國正常的資本流動，進而促進經濟的健康發展。那麼負利率政策對穩定匯率和國際資本流動究竟有何影響？這就需要瞭解利率與匯率相互作用的機制及其現實意義，從對實施負利率政策以穩定匯率的經濟政策效果入手，分析負利率與國際資本流動的關係。

利率調節與匯率變動

（一）匯率理論的演進

　　利率與匯率分別代表資金對內和對外的價格，兩者在經濟運行中相互作用、相互影響，對實現經濟均衡起到至關重要的作用。國際金融理論對利率與匯率的研究有許多不同的方向，對兩者的理論關係也有不同的闡述。其中經典的理論有凱恩斯等的利率平價理論、蒙代爾-弗萊明模型以及多恩布希模型。

（1）利率平價理論

　　1923年，凱恩斯在其著作《貨幣改革論》中較早直接論述了利率與匯率的關係，系統總結了遠期匯率的決定機制，認為國家間的利率差異是遠期匯率的主要決定因素。凱恩斯和艾因齊格認

為，當兩國利率存在差異時，資金會從低利率國家流向高利率國家。但是金融資產的收益率並不是套利者唯一考慮的因素，他們還要考慮是否存在外匯風險——資產是否會因為匯率變動而產生收益變動，因此套利者往往會將套利與掉期業務相結合，來避免匯率風險。而大量掉期外匯交易，會造成低利率國即期匯率下浮，遠期匯率上浮；高利率國即期匯率上浮，遠期匯率下浮，因此會出現低利率國遠期升水，高利率國遠期貼水的現象。隨著套利的不斷進行，遠期差價不斷拉大，直到兩種資產的收益率完全相等，套利活動就會停止，而遠期差價則等於兩國利率之差。根據投資者的風險偏好假定不同，利率平價理論又可以分為無拋補的利率平價和拋補的利率平價。

（2）蒙代爾-弗萊明模型

　　蒙代爾-弗萊明在米德開放經濟條件下不同政策效應分析的基礎上，進一步說明了資本是否自由流動，以及不同的匯率制度對宏觀經的影響。蒙代爾-弗萊明模型的基本結論是：在資本自由流動的前提下，實施固定匯率制度的經濟體的貨幣政策對經濟刺激無效，財政政策效果顯著；實施浮動匯率制度的經濟體的財政政策對經濟刺激無效，貨幣政束效果顯著。

　　在固定匯率制度下，如果中央銀行通過提高利率來實施緊縮的貨幣政策，會吸引大量國際遊資進入，該國就會面臨匯率升值的壓力。央行此時為了維持固定匯率，買進外幣，拋售本幣進

行干預，但這種干預會使本幣供給增加，最初緊縮的貨幣政策效果被抵消。而當政府通過減稅或增加支出等擴張性財政政策來刺激經濟時，總需求增加，利率上升，資本流入，本幣面臨升值壓力，央行為了維持固定匯率需要在市場上買進外幣，拋售本幣，貨幣供給增加，擴張性政策效果顯著。在浮動匯率制度下，情況則完全相反，貨幣政策有效而財政政策無效。

（3）多恩布希模型

　　多恩布希在《預期和匯率動態》一文中創造性地提出了黏性價格貨幣分析法，他認為產品市場和金融市場對於政策反應的敏感程度具有不對稱性，因此兩者反應時間的差異會導致匯率變動率大於貨幣供給變動率，產生匯率「超調」現象。多恩布希的「超調」模型繼承了凱恩斯模型傳統，又具有蒙代爾 - 弗萊明模型的長期特徵。多恩布希的模型表明，在價格黏性的假定下，貨幣供給增加造成利率暫時下降，資本外流，在短期內會伴隨匯率過度上升的「超調」現象；而在長期，利率和實際匯率則會向長期均衡點回歸，出現利率上升和實際匯率下降，最終產量還是原來的充分就業水準，利率為世界利率，實際匯率為變動前的原始匯率，因此，貨幣供給的增加僅僅帶來了價格水準和名義匯率的上升。

（二）利率與匯率「互搏」

（1）利率對匯率的影響

　　利率對匯率的短期影響和長期影響的作用機制是不相同的。短期內，利率變動主要通過對項目資本的實現以及對資產轉換的影響來調節匯率的升降。而長期來看，利率的變動則主要通過影響經常項目收支以及物價水準來影響匯率的變動。

　　短期來看，一方面，在資本市場開放的前提下，利率變動對匯率的短期影響主要通過資本項目實現（見圖8.1）。首先，當一國利率升高時，會吸引國際短期資金流入套利，國際市場上對本幣需求增加，本幣升值，外匯匯率下降。其次，一國利率的提高會使流出資本減少，流入資本增加，減少了國際收支逆差，從而支持本幣匯率升高。最後，利率的提高意味著本幣借貸成本的提升，本幣借貸的規模和進入外匯市場的本幣數量也會縮減，外匯呈現供大於求的場面，導致本幣升值，外匯匯率降低。當利率下降時，匯率則反方向變動。

　　另一方面，利率變動對匯率短期影響的另一種途徑是資產轉換（見圖8.2）。本幣利率上升意味著本幣資產的收益率上升，民眾有動力在外匯市場上將外幣資產轉換為本幣資產以獲取高收益，這導致外匯的供給大於需求，進而本幣升值，外匯匯率下降。

　　長期來看，首先，利率變動會通過經常項目收支影響匯率

圖8.1　短期利率對匯率擾動的資本項目途徑

圖8.2　短期利率對匯率擾動的資產轉換途徑

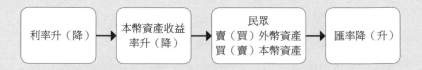

圖8.3　長期利率對匯率擾動經常項目途徑

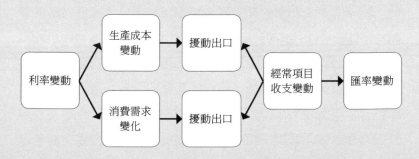

（見圖8.3）。當利率變化時，廠商投資成本發生變化，本國產品的相對競爭力發生變化，對經常項目收支中的出口產生影響，從而對匯率產生影響；當利率變化時，民眾使用資金的成本發生變化，消費需求也發生改變，影響經常項目收支中的進口，也對匯率產生影響。

其次，不同國家利率的差異會決定遠期匯率的變動。在利率平價定理中提到，外匯交易者的抵補套利行為會造成高利率貨幣遠期匯率貼水，低利率貨幣遠期匯率升水的現象。

最後，根據購買力平價理論，在長期，利率的變動如果影響到物價的變動，就會影響到本國通脹率與外國通脹率之差，從而引起匯率變動。

（2）匯率對利率的影響

匯率變動一般通過物價水準、短期資本流動和外匯儲備等途徑間接對利率產生影響。

第一，匯率的變動會影響本國的物價水準的變動。當匯率下降後，中國大陸物價上升，實際利率下降，這種情況有利於促進出口，限制進口，對債務人有利，對債權人不利，最終會造成借貸資本供求失衡，名義利率上升。如果匯率上升，則利率變化與之相反。

第二，短期內匯率變動會影響預期的變化，進而影響資本的流動方向。當匯率下降後，人們一般會預期匯率有進一步下

降的趨勢，貨幣貶值的預期引起短期資本外逃，中國大陸資金供不應求，推動利率上升。但是如果人們預期匯率即將反彈，那麼利率也會往相反方向變化。

第三，匯率的變動會影響中國大陸進出口的變動，進而影響資金的供求。當匯率下降後，本幣貶值，本國外貿條件會得到一定程度的改善，出口的增加帶來外匯儲備增加，中國大陸資金供大於求，利率下降。反之，匯率上升將會帶來外匯儲備的下降，以及利率的上升。

（三）貨幣政策的不可能三角

（1）利率對匯率的影響

在蒙代爾-弗萊明模型的基礎上，經濟學者克魯曼（Paul R. Krugman）提出了著名的「三元悖論」，即資本自由流動、保持固定匯率制度和實現貨幣政策獨立性，這三大政策目標無法同時實現，最多只能選擇兩個，從而被稱為貨幣政策的「不可能三角」（見圖8.4）。

例如，1944—1973年布列敦森林體系時期，各國維持了貨幣政策的獨立性和固定匯率制度，但是資本的流動受到嚴格限制。而布列敦森林體系解體後，美國等資本主義國家大多選擇貨幣政策的獨立性和資本自由流動，放棄了固定的匯率制度。選擇貨幣政策獨立性和匯率穩定的代表國家是中國，因為在中

圖8.4　貨幣政策的悖論：不可能三角

貨幣政策獨立性

資本管制　　　　　　　　　浮動匯率

固定匯率制　　　　　　　　　　　　資本自由流動

貨幣政策無效

國大陸經濟發展初期，資本自由流動並起不到太重要的作用。但是隨著中國經濟不斷發展，改革不斷深化，近年來中國的資本帳戶開放程度逐步提高。2016年10月，人民幣被正式納入國際貨幣基金組織的特別提款權，這意味著人民幣將逐步成為可自由兌換貨幣，而中國資本市場也將逐步實現完全開放。因此，跨境資本流動性進一步提高是中國經濟發展的必然趨勢。那麼，中國也必將面臨貨幣政策獨立性和固定匯率的去留抉擇。一般而言，獨立的貨幣政策是不可能放棄的。因此，接下來中國很有可能要經歷從固定匯率向浮動匯率轉變的過程。

負利率與資本自由流動

　　各國使用負利率工具影響匯率，除了迫於國際資本流入對本幣升值的壓力之外，也希望通過壓低本幣匯率促進出口，擴大貿易順差。

　　但是一國的貨幣政策能否產生貨幣當局期待的效果，並不僅僅取決於本國的政策操作，還取決於許多其他因素，比如世界主要經濟體貨幣政策的溢出效應，資本是否自由流動，負利率到匯率的影響機制是否順暢等。

（一）強勢美元溢出

　　美元在國際貿易計價中占主導地位，在負利率時代的強勢進一步突出。美國聯準會貨幣政策的每一次變動，都會對世界其他地區的經濟體產生政策溢出效應。其中，典型案例當屬1994年因美國聯準會意外上調利率造成的墨西哥「龍舌蘭危機」。2008年以來，為了應對金融危機，美國聯準會率先推出量化寬鬆，隨後各主要經濟體紛紛實施各種非常規貨幣政策，政策利率在前所未有的超長時間內維持在超低水準。在非常規時期，美國聯準會貨幣政策的溢出效應更加顯著。

　　隨著美國經濟的逐步復甦，2013年5月，美國聯準會時任主席伯南克在公開場合提及考慮減緩資產購買速度的可能性。這一

預期又給市場帶來巨大波動，新興市場資產價格大幅下跌。2013
年12月和2014年1月，美國聯準會兩次縮減購債規模。2014年
10月，美國聯準會正式宣佈退出量化寬鬆，日本、歐元區等經
濟體的資本大量流出，造成歐元和日元貶值。2014年開始，美國
聯準會開始逐漸縮減寬鬆政策規模，並於2014年9月推出量化
寬鬆，美國聯準會的貨幣政策變動，對於其他國家的影響非常顯
著。由於全球經濟體復甦程度不一，各國貨幣政策出現分化。美
國聯準會收縮的貨幣政策具有全球性的外溢效應。除美洲發達國
家以外，其餘國家均在美國聯準會貨幣政策正常化過程中面臨不
同程度的資本流出。具體表現為：第一，美元走強導致以美元計
價的大宗商品價格下跌；第二，全球經濟復甦基礎脆弱，美國先
於其交易夥伴收緊貨幣政策會放大加息帶來的通縮壓力；第三，
資金從其他經濟體流入美國，造成流出國流動性壓力收緊，帶來
股市下跌和資產泡沫破裂的風險；第四，新興市場國家融資成本
增加，背負巨額美元債務的國家或承受匯率與利率雙重壓力，引
發債務危機。

　　2015年12月以來，美國聯準會不斷加息，同時日本和歐洲
央行也對繼續「放水」表現出謹慎的態度，各國的貨幣政策都在
不斷調整，2019年之前全球主要經濟體貨幣政策的變化總體表現
為收緊趨勢逐漸蔓延。2015年全球貨幣政策開始趨勢性收緊的主
要原因在於通脹預期的上升，衡量通脹的主要指標PCE（個人消
費支出）物價指數在2016年12月增長1.7％，接近美國聯準會

2％的目標水準，同期美國時薪同比增長2.9％，創2009年以來最大增幅。2017年1月，歐元區通貨膨脹率升至1.8％，已經接近歐洲央行的目標水準，創下2013年2月以來的最大增幅。值得注意的是，面對美國聯準會加息帶來的美元升值壓力，川普上任後公開對強勢美元施壓，美元升值趨勢有所減弱，而其他主要經濟體對通貨膨脹的預期上升，經濟復甦趨勢向好的情況下貨幣政策逐漸收緊，這可能造成本幣對美元過強（圖8.5和圖8.6顯示了日元和歐元對美元升值的趨勢），對貿易造成打擊，影響脆弱的復甦進程。2019年以來美國聯準會再度數次降息，如何在應對美國貨幣政策溢出效應的同時，減緩流動性的擴張步伐，會給各主要經濟體央行帶來新的挑戰。

（二）資本自由流動的挑戰

　　阿爾文・漢森的長期停滯理論認為，工業化國家受到儲蓄率上升、投資率下降的困擾，會導致實際均衡利率下降，並且利率並不一定會自動回升至「正常水準」。這與2008年金融危機後全球陷入長期低迷的經濟狀況有相似之處。近期的研究發現，經濟停滯會通過匯率和資本自由流動兩個管道在全球範圍內進一步擴散。從匯率管道來看，全球需求疲弱加上利率下調空間有限，通常會降低本國出口需求，導致實際匯率升高，需要進一步降低利率以配合潛在產出。從資本自由流動管道來看，一國經濟長期

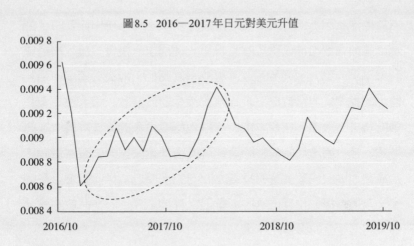

圖8.5　2016—2017年日元對美元升值

資料來源：OANDA（互聯網貨幣交易公司）

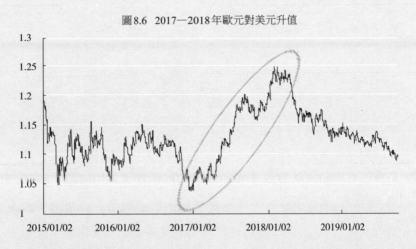

圖8.6　2017—2018年歐元對美元升值

資料來源：OANDA

處於停滯狀態，儲蓄大量超過投資，當資本可以自由流動時，過量儲蓄會通過經常帳戶盈餘流入另一個國家，這會給流入國造成利率下調的壓力，這種管道傳導效率的高低，取決於資本市場一體化的程度。通常情況下，貨幣政策相對於財政政策來說，有更強的負外部效應。在資本市場一體化程度更深的開放經濟中，對一國而言，刺激性的貨幣政策，可能會通過國家間的資本流動，造成其他國家理想儲蓄與投資之間的錯配問題，從而影響這些國家的政策選擇。並且，這些影響很大程度上區別於非開放經濟條件下可能產生的影響。

這在一定程度上可以解釋為什麼日元和瑞士法郎在實施負利率的情況下仍然無法抑制其升值趨勢。日本和瑞士因為其可觀的經常帳戶盈餘和持有的大量債權，而使日元和瑞士法郎成為傳統的避險貨幣，每當有非本國原因導致的全球風險發生時，總會有大量資本湧入日本和瑞士避險。而日本作為慣常的低息國家，一直以來並不依靠高利率吸引資金，因此即使利率進一步降低，當面對其他金融風險時，日本和瑞士仍然是投資者心目中的「避險天堂」。日本與瑞士近年來的出口狀況也可以印證負利率對出口的刺激作用並不顯著。日本在20世紀90年代泡沫破裂後經濟一直低迷，2008年金融危機後全球需求收縮，其出口進一步降低。雖然之後有所回升，但是2018年出口依舊達不到2008年的出口水準（見圖8.7），由此可以看出，其多輪量化寬鬆以及負利率對出口的刺激效果並不顯著。

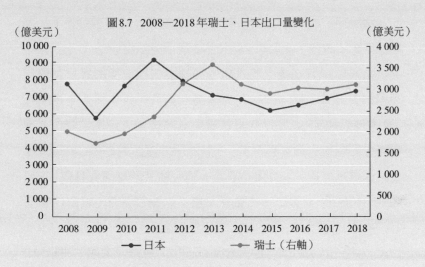

圖8.7　2008—2018年瑞士、日本出口量變化

（億美元）　　　　　　　　　　　　　　　　　　　　　　（億美元）

資料來源：UN Comtrade（聯合國商品貿易統計資料庫）

（三）國家是否應操縱匯率？

　　在利率接近於零的時候，一國貨幣政策對外部的依賴程度不斷上升，其效果更多地通過匯率來傳導，這會造成金融市場對匯率的波動越來越敏感，各國央行對匯率波動的反應也會比以往更加強烈。可以看到，當前經濟、貿易邊界和央行資產邊界存在著背道而馳的趨勢。一方面，經濟增速放緩，貿易活動減少，經濟基本面擴張幾乎停滯甚至面臨收縮困境。另一方面，央行採取

的非常規貨幣政策導致資產邊界進一步擴張，在這種背景下，各國匯率衝突激增，使全球金融市場的不確定性提升。

　　自美國川普總統上任以來，美國與中國、德國等對美貿易順差國的摩擦不斷，多次在公開場合指責中國、日本、德國為「匯率操縱國」，認為這些國家操縱貨幣市場，使本幣貶值，進而從美國賺取巨額貿易順差。美國財政部對「貨幣操縱國」提出了三個標準：其一，該國必須與美國有顯著的雙邊貿易順差（超過200億美元）；其二，該國有大量經常帳戶盈餘（超過GDP的3％）；其三，持續、單向的匯率干預（匯率干預規模達到GDP的2％）。達到以上三個條件就會被認定為「貨幣操縱國」。簡單來說，一國利用其決定本國貨幣匯率的能力，使匯率向有利於本國的方向變動，造成不同程度的貿易順差或逆差。

　　面對美國的指責，德國央行主動做出回應，認為是歐洲央行過度的擴張性貨幣政策造成了歐元匯率相對於德國經濟發展來說過低。同時2017年德意志銀行認為，相比於德國、韓國、日本和中國臺灣，瑞士對匯率的干預規模高達GDP的9％，經常帳戶盈餘占GDP的10％，對外貿易發展態勢良好，以美國財政部的標準來看，瑞士才是頭號「匯率操縱國」。這表現出國際經濟環境中因為貨幣政策導致的匯率摩擦問題正在不斷顯現。

　　在1994年WTO（世界貿易組織）成立前，韓國、中國都曾經被列為匯率操縱國，WTO成立後因認定他國為匯率操縱國會使美國表現出貿易保護主義傾向，與WTO宗旨相違背，因此取

消了對「匯率操縱國」的認定。但在2016年4月，美國提出了「監視國家、地區清單」，將中國大陸、德國、日本、韓國和臺灣列入其中，這些國家和地區正是美國再次認定「匯率操縱國」的雛形。2019年8月，美國財政部長姆努欽發出聲明，認定中國為匯率操縱國，這一決定在2019年12月正式由白宮聲明取消。多數有「操縱匯率」可能的國家都是製造業大國，依靠對美出口製造業產品形成順差；這樣美國認定「匯率操縱國」的根本目的就一目了然了，表面上是對這些國家干預匯率的不滿，實際上是期待其製造業回流和重新獲取貿易優勢。

負利率能否穩匯率

　　利率的變動可以通過各種方式對匯率產生一定的影響，因此各國會採取負利率政策來穩定本國的匯率水準。就實施負利率的時機來說，各央行並非在經濟危機最嚴重的時候採取負利率的政策，而大多在後危機時代採取相關政策。可以看出，各國都希望以超低利率或超寬鬆的貨幣政策壓低匯率，從而達到刺激資產價格，實現通脹的目標。但是負利率政策對於匯率的影響作用有多大？事實上負利率政策對壓低匯率，防止本幣過度升值是有一定貢獻的，但是考慮到經濟體面臨的不同經濟環境，以及是否有其他的配套措施予以配合，不同央行實施負利率政策對匯率的效

果是有差異的。

（一）丹麥：成功穩定

　　丹麥被認為是採取負利率政策最成功的國家。從匯率機制來看，丹麥是歐洲匯率機制（ERM）的正式成員，丹麥克朗從20世紀70年代起就承擔著與德國馬克掛鉤的職責。1999年歐元誕生後，丹麥雖然沒有加入歐元區，但是在新的歐洲匯率機制（ERM2）框架下，丹麥央行需要將丹麥克朗對歐元控制在中心匯率7.46038上下2.25％的區間內。從經濟基本面來看，2008年金融危機和歐債危機後，丹麥經濟受到重創且復甦緩慢。2009年底，丹麥經濟較2007年危機爆發前的高點收縮了8％，GDP增長率一度縮減至-4.91％。之後雖然有所增長，但其GDP增速在金融危機後至今很長一段時間內都低於其鄰國瑞典和德國。自2016年起，丹麥的GDP增長率再一次開始下滑，從2016年的2.4％下滑至2018年的1.49％。在這樣的經濟情況下，丹麥央行「不惜一切代價」保衛聯繫匯率制度。這樣做或許也有希望跟隨歐元貶值從而刺激經濟復甦的更深層次的目的。

　　2012年歐債危機持續發酵，大量資金從歐元區出逃，購入具有AAA評級的丹麥克朗避險，丹麥克朗面臨巨大的升值壓力，這也危及了丹麥的出口。為了維持丹麥克朗對歐元的匯率穩定，丹麥央行效仿瑞典央行，開展了負利率實驗。2012年7月，

丹麥央行將金融機構在央行的7天存單利率下調至-0.2％，但金融機構在央行的隔夜存款利率不受影響，仍然適用零利率。事實證明，丹麥央行的負利率實驗至少在穩定匯率方面是成功的。丹麥克朗開始了對歐元長達半年的持續貶值，之後存單利率被上調至-0.1％。此後一年，丹麥克朗對歐元匯率大體保持穩定。但是進入2014年，歐元區經濟開始呈現復甦跡象，大量國際資金重返歐元區，丹麥克朗貶值壓力加大。因此，2014年4月丹麥央行宣佈加息，將存單利率提升至0.05％，結束了近兩年的負利率實驗。但是丹麥的正利率僅僅維持了不到5個月，隨著歐洲央行步入負利率，丹麥央行在同年9月又一次將存款利率降至 0.05％。2015年1月，丹麥克朗對歐元持續升值，央行三周內四次降息至-0.75％，隨後資本流入趨於平穩，丹麥克朗對歐元逐步貶值，並在2016年1月將利率上調為-0.65％。雖有所上調，但丹麥的利率一直維持在-0.65％的水準。

　　丹麥央行的負利率政策就穩定匯率來說是成功的，幾乎每一次負利率的刺激，都能有效地實現丹麥克朗對歐元貶值的目標。儘管在四年多的負利率試驗中，丹麥的物價仍然處於停滯狀態，經濟增長依舊緩慢，但是由於其負利率政策的唯一任務在於維持丹麥克朗與歐元匯率浮動限制在上下2.25％區間內，所以就這一點而言，負利率政策在丹麥確實是成功的。

　　歐元兌丹麥克朗匯率走勢見圖8.8。

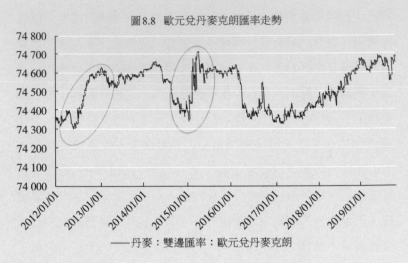

圖8.8　歐元兌丹麥克朗匯率走勢

——丹麥：雙邊匯率：歐元兌丹麥克朗

資料來源：OANDA

(二) 歐元區：寬鬆維穩

　　受經濟危機以及歐債危機的影響，歐元區經濟一直較為低迷。為了提振自主權債務危機後一直增長乏力的歐洲經濟，2012年歐洲央行就開始了第一輪非常規的寬鬆貨幣政策，之後又連續推出長期再融資計畫（LTRO）和直接貨幣交易（OMT）。進入2014年，後危機時代的歐洲普遍面臨通縮壓力和銀行惜貸的問題，其主要經濟體如德國、法國的通貨膨脹率一度低於1%，原

因之一在於堅挺的歐元降低了進口商品價格。而銀行出於風險考慮，將大量資金作為超額存款準備金放在歐洲央行，最高達到4300億歐元。2014年6月，歐洲央行正式實施負利率政策，將隔夜存款利率降至-0.1％，此舉意在將存入央行帳戶的銀行資金引入實體經濟，刺激企業貸款，減少個人儲蓄，增加投資和消費，並在一定程度上壓低歐元匯率。此後，歐元區一路下調存款利率，2016年將隔夜存款利率下調至-0.4％，2019年9月歐洲央行將隔夜存款利率進一步下調至-0.5％。

從表面上看來，歐洲央行的負利率政策對歐元的貶值效果顯著，其名義匯率較實行負利率政策之前貶值18％，實際有效匯率下跌8.2％，歐元兌美元匯率從2014年年中的1.35降至2016年3月的1.13（如圖8.9）。應該看到，這和歐洲央行採取的其他政策措施以及其當時所處的經濟環境有很大關係。

歐洲央行自2015年起，開始實施量化寬鬆，並分別於2014年9月、2015年12月和2016年3月三次下調了金融機構的隔夜存款利率，最終降至-0.4％，之後一直維持在-0.4％的利率水準。2019年9月進一步下調至-0.5％，同時歐洲央行長期寬鬆的態度也令市場一直保持擴大量化寬鬆的預期。在此期間還實施了資產購買、定向長期再融資操作（TLTRO）等非常規寬鬆政策。從外部經濟環境來看，2014年歐洲央行實施負利率之時，正值美國聯準會逐步退出量化寬鬆，恢復利率正常化，市場對美國聯準會加息預期提升，美國聯準會也最終於2015年底加息，這使大量資

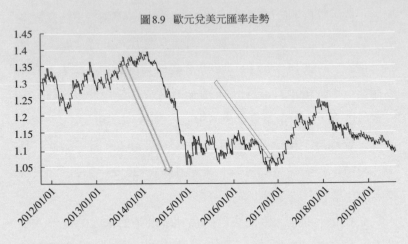

圖8.9　歐元兌美元匯率走勢

資料來源：OANDA

金流入美國，導致美元匯率走強，歐元匯率得以借勢回落。可以說，美國聯準會加息是歐元貶值的主要原因之一。

　　整體上，負利率政策對於歐元貶值是有一定成效的，但是考慮到歐洲央行在實行負利率的同時，還採取了其他非常規寬鬆政策，加上美國聯準會加息的外部環境對歐元貶值亦有重要影響，因此單一負利率對穩定歐元匯率的影響可能並不如表現得這麼顯著。

(三) 瑞士、日本：試驗失敗

　　瑞士央行和日本央行分別於2014年12月和2016年1月加入負利率「俱樂部」，兩者的實施都有減少其作為避險貨幣的需求，也都有其維持本幣匯率穩定的目的，但是兩國央行維持匯率穩定的負利率試驗都失敗了。

　　瑞士央行在很長一段時間內採取的是浮動匯率制度。直到2011年，因為歐債危機和美債危機的持續發酵，全球避險情緒上升，所以瑞士法郎不斷走強，這對以出口為主的瑞士經濟造成極大壓力，瑞士央行不得不設置了歐元兌瑞士法郎1 ： 1.2的下限來阻止瑞士法郎進一步升值。此後的三年內，瑞士央行通過不斷購買歐元的方式將匯率固定在了1 ： 1.2。2014年12月，俄羅斯盧布匯率大跌，跌幅創下1999年4月以來最高紀錄，俄羅斯的貨幣危機又激發了對瑞士法郎的避險需求，加上6月歐洲央行實施的負利率政策，都給瑞士法郎造成了巨大的升值壓力，為了穩定匯率，瑞士央行宣佈降息25個基點至-0.25％，對象主要是超過一定額度的活期存款。但是降息的效果不太明顯，同時伴隨著市場預期歐洲央行即將推出量化寬鬆政策，大量歐元湧入，換取瑞士法郎，瑞士央行無力維持對歐元的固定匯率，被迫於2015年1月取消了歐元對瑞士法郎1 ： 1.2的下限。儘管瑞士央行同時將活期存款利率降至-0.75％以對沖升值壓力，但瑞士法郎仍然對歐元暴漲超過20％。歐元兌瑞士法郎匯率走勢見圖8.10。

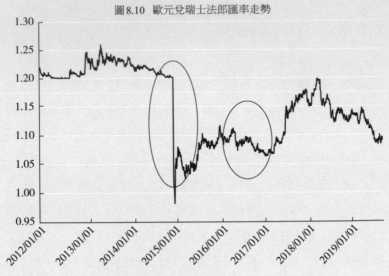

圖8.10　歐元兌瑞士法郎匯率走勢

資料來源：OANDA

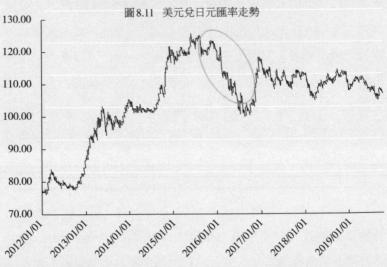

圖8.11　美元兌日元匯率走勢

資料來源：OANDA

　　為什麼同樣採取負利率政策維持匯率，丹麥獲得了成功，而瑞士卻失敗了呢？同樣應該從匯率機制和經濟基本面兩個方面來看。就匯率機制來說，不同於長期與歐元掛鉤的丹麥克朗，2011年瑞士法郎設定與歐元兌換1.2的限制後，其實際有效匯率貶值13％，從同期避險貨幣美元升值23％就可以看出，作為世界主要儲備貨幣之一的瑞士法郎的價值是長期被低估的。就經濟基本面來說，不同於歐債危機後經濟始終復甦乏力的丹麥，瑞士早在2009年第二季度之後就從衰退中走了出來，並維持了相對穩定的增長速度，瑞士的房地產業也幾乎沒有受到金融危機的衝擊。

　　日本的負利率干預匯率政策，是五個經濟體中實施得最為失敗的。日本經濟自20世紀90年代以來長期陷入低增長、低利率、低通脹的流動性陷阱之中，其無擔保隔夜拆借利率在2008年已降至0.1％。2001年以後，為了刺激經濟，日本實行了十多輪量化寬鬆，但也收效甚微。因此2016年1月，日本央行繼瑞典、丹麥、歐洲、瑞士後，宣佈實行「三級利率體系」的負利率政策也就不那麼令人驚訝了。相比於大規模貨幣、財政刺激的政策，負利率政策成本顯然遠低於前者，因而其效果也不那麼顯著。2014年美國聯準會退出量化寬鬆並如期加息後，日元一路貶值。這一度讓人以為，日本寬鬆的貨幣政策成功干預了匯率。然而進入2016年後，特別是日本推出負利率政策時，正值市場避險需求上升，負利率推動日元匯率從118跌至121的效果

僅維持了三天，隨後一路上漲，到3月底已升至112.21，兩個月內升值10%。美元兌日元匯率走勢見圖8.11。

　　日本的「三級利率體系」金融機構存放在央行的超額準備金適用於0.1%的利率，對於金融機構存放在央行的法定準備金和金融機構受到央行支持進行的救助貸款項目帶來的準備金的增加，適用於0%的利率，以上兩點範圍外的存款準備金才適用-0.1%的利率。事實上，截至2016年2月，金融機構在央行帳戶的資金中，只有3.8%適用於負利率。顯然，央行是為了避免給銀行業帶來太大成本。肖立晟等人認為，負利率對日元的中長期影響取決於日本央行的放水能力，而日本央行已經購買了市場上接近40%的本國國債，很難再次大幅度擴張資產負債表，因此日元進一步貶值的空間相對有限。

負利率與社會平等

公平不是先驗的、決定經濟關係的東西，
恰恰相反，它是由經濟關係決定的。
——恩格斯（德國哲學家）

負利率政策會進一步影響民眾的收入再分配，造成收入分配不公，從而擴大社會貧富差距，進而使養老和社會保障分配問題進一步加劇社會不公平，可能會影響社會的穩定。

負利率加劇社會不公

從社會收入再分配角度看，負利率是不「公平」的。決定社會公平的根本在於經濟關係，社會公平作為一種對現存生產關係的價值判斷，是由經濟基礎決定的，但是指望單純依靠經濟增長就會自發促進社會公平的想法是不科學的。當前，就中國大陸而言，經濟發展中呈現出的各種社會公平問題，與經濟發展的階段性條件和水準有著密切關係，但更與體現經濟關係的各方面制度與政策有著直接關係。

現有關QE或QQE對於收入再分配的影響的研究很多，量化寬鬆的貨幣政策會進一步擴大收入差距，持續寬鬆的貨幣政策促進風險類金融資產價格上漲，使持有股票、共同基金的富人從中獲益，而窮人只能得到極少的利息收入，從而加劇了收入不平等。而負利率政策正是繼常規的降準、降息措施之後的非常規寬鬆貨幣政策，從不同方面對社會收入分配產生影響，包括儲蓄存款縮水、通貨膨脹效應、財富升值的再分配效應。

（一）造成存量資產縮水

　　負利率政策會導致民眾的儲蓄存款等存量資產縮水，進而造成財富從低收入群體手中流入高收入群體手中。在央行對商業銀行的存款準備金實施負利率政策的情況下，商業銀行有可能會將這一成本轉嫁給存款者，負利率會使財富在不同收入群體之間轉移：貸款客戶獲得額外收益，存款者卻遭受損失。在現實經濟中，低收入者的財富往往不足以積累產生投資行為，而高收入者的財富形式除了存款之外，還有更加多樣的其他資產組合。假如存款利率水準為-1.9％，儲蓄者在銀行存1萬元定期，一年後就要損失190元的購買力，這損失的購買力以低收入群體的財富被侵蝕的方式悄然轉移給作為高收入群體的負債者。由此，負利率可被看作一種「退步稅」，即收入越低，「稅率」越高，它會造成低收入者向高收入者財富轉移的局面，導致貧富分化加劇等社會問題。

　　首先，負利率會促使民眾的投資意願上升。「退步稅」的論證建立在高收入者財富分散投資的基礎上，民眾存款意願降低，投資的意願上升。近年來，很多國家的股票市值與房地產開發投資額遠遠超過貨幣當局存款貨幣銀行存款，事實上，已經有很多文獻關注負利率與房地產市場過熱等現象的關係。如喬海曙和陳志強認為，負利率導致資金使用成本過低，減弱了成本約束，從而使投資者不計成本地進行投資活動。負利率又會使民眾儲蓄的

財產購買力遭受損失。民眾為了保值增值，會追逐具有財富效應的投資品，促進房市和股市的繁榮。在負利率環境下，儲戶還會面臨機會成本損失。所謂機會成本，是指投資於某一方面而放棄另一方面投資的機會。如果民眾選擇將資金投資股市或房市，而不是放在銀行，那麼得到的收益將遠遠高於獲得的存款儲蓄利息，這中間的巨大差額就是儲戶失去的機會成本。近年來，過低的利率直接撬動了全球樓市的發展。從2011年初至今，北美、日本和中國的大城市房價持續上升，其變化十分類似。北美大城市和東京的房價接近翻倍，而中國一線城市的房價上漲同樣異常火爆，表現出驚人的相似。

　　其次，相對於單位收益而言，民眾對單位損失更為敏感。其表現是，人們會從「風險厭惡型」轉向「風險偏好型」。在面臨確定性損失時，會變得異常勇敢；為避免損失，會選擇以冒險的方式達到目的。因此，負利率容易引發人們的投機、投資行為。可以想像，如果負利率的局面長期存在，存款從銀行向股市和房市「搬家」的現象將持續下去。而民眾的儲蓄資金，尤其是普通民眾的儲蓄資金，是民眾為應對未來不確定性支出的重要資金儲備，一旦房市或股市出現大的波動，民眾的生活將會受到較大影響。

　　2007至2018年中國大陸貨幣當局存款貨幣銀行存款情況見表9.1，2007—2018年股票總市值與房地產開發投資額見表9.2。

　　最後，負利率政策也會提升大宗商品價格。除了資本市

表9.1　2007—2018年貨幣當局存款貨幣銀行存款	
時間	貨幣當局存款貨幣銀行存款（億元）
2018年	235511.20
2017年	243802.28
2016年	234095.17
2015年	206491.55
2014年	226941.74
2013年	206042.17
2012年	191699.20
2011年	168791.68
2010年	136480.86
2009年	102280.67
2008年	91894.72
2007年	68094.84

資料來源：大陸國家統計局。

注：自2011年1月起，中國人民銀行採用國際貨幣基金組織關於儲備貨幣的定義，不再將其他金融性公司在貨幣當局的存款計入儲備貨幣。自2011年1月起，境外金融機構在人民銀行存款資料計入國外負債項目，不再計入其他存款性公司存款。

表9.2　2007—2018年股票總市值與房地產開發投資額			
時間	股票市價總值（億元）	房地產開發投資額（億元）	合計
2018年	434924.00	120263.51	555187.51
2017年	567086.00	109798.53	676884.53
2016年	507686.00	102580.61	610266.61
2015年	531462.70	95978.85	627441.55
2014年	372546.96	95035.61	467582.57
2013年	239077.19	86013.38	325090.57
2012年	230357.62	71803.79	302161.41
2011年	214758.10	61796.89	276554.99
2010年	265422.59	48259.40	313681.99
2009年	243939.12	36241.81	280180.93
2008年	121366.43	31203.19	152569.62
2007年	327141.00	25288.84	352429.84

資料來源：大陸國家統計局。

注：1.根據中國大陸政府證監會的建議，境內上市公司數量採用新的統計分類；2.股票總發行股本中含（A+H）股公司發行的H股。

場，大宗商品市場在負利率的影響下，也有逐漸回暖的趨勢。
首先，原油價格上漲。2015年底至2016年底，全球原油價格已
從跌破30美元到目前回升至接近50美元，2018年原油價格已升
至70美元，2016年初流行的油價將永遠跌破20美元的悲觀預
判，目前看已接近荒誕。其次，黃金市場也有反彈趨勢，從
2015年7月至2016年底，黃金價格整體保持上升趨勢，大致轉
入回升週期。畢竟，總體上大宗商品的供應有限，不可能像鈔
票一樣快速廉價印刷。負利率推動大宗商品的價格回升，進而
有可能帶動PPI（生產價格指數）的上升。2018年，美國核心
CPI同比已由2014年的1.70％升至2.10％。

（二）影響通脹和收入預期

　　負利率政策被視作量化寬鬆的補充，往往會帶來通貨膨脹
的預期。首先，通貨膨脹會使現金的實際價值降低，而低收入階
層往往持有相對較多的現金，那麼負利率則相當於一種「退步
稅」，即收入越低，「稅率」越高，使低收入階層相對收入減少，
擴大收入差距。

　　其次，貨幣寬鬆會導致金融資產價格上升，而且金融資產
的上升幅度要遠高於工資增速。因此，負利率的實施會使現金的
價值降低。據統計，2006年金融資產占美國總資產的比例為
68.53％，2014年這一比例則達到了73.74％。之後雖有所下降，

但金融資產占比72.49％，仍然保持在70％以上。現實生活中，富人持有的金融資產更多，而對於窮人，這一比例要少得多。因此金融資產占比的提高，意味著貧富差距的擴大。

最後，根據伊斯特利（2001）使用的來自38個國家的31869個家庭的調查資料，精明的高收入群體更傾向於利用股票等各類金融資產來抵消通脹帶來的財富損失。在經濟生活中，人們總是持有一定量的現金用於消費、交易。低收入人群的風險承受能力較低，對資產價格的敏感性較弱，他們難以通過風險資產配置來提高收入，並且其財富低於高收入人群。所以相對而言，低收入階層將會更傾向於持有財富容易縮水的現金，「負利率」使普通民眾的實際收入減少。因此窮者越窮，富者越富，社會收入分配不公的社會問題進一步惡化。

（三）干擾社會財富再分配

負利率政策會通過影響資產價格，進而影響財富的再分配。作為擴張性貨幣政策，負利率會使資產價值逐漸膨脹，產生資產泡沫。在這種情況下，雖然不同人群的名義收入水準都將得到增加，但卻會加劇收入分配不平等的狀況。高收入群體可以通過各種投資方式來分享資產價值膨脹帶來的收益，但以純粹的勞動報酬獲取收入的人群，則很難分享到財富膨脹的盛宴。因為這些不富裕的家庭除了維持日常生活所必需的現金（或銀行儲蓄）

以外，很少有其他金融資本投資或資產組合。這意味著這些低收入群體，包括僅靠勞動收入和固定退休金為生的階層，只能被動承受財富縮水的局面，被動地變得更窮，進一步加劇財富分配的不平等。

除了普通民眾的財富受到負利率侵蝕外，從社會層面看，還造成債權人和債務人之間的收入再分配、低收入群體和高收入群體財富上的進一步分化。對債權人和債務人而言，負利率以債權人的利益受到損害的方式使債務人獲利。

負利率撼動社會保障基礎

（一）拉低養老金回報

社會保障制度是社會公平的重要調節器，社會公平是社會保障制度的內在要求。從社會保險中比重最大也最重要的養老保險來看，尤其是在人口老齡化背景下，負利率的實施是對社會保障基礎的進一步侵蝕，負利率政策會損害養老金的回報潛力，加入政府財政負擔。

近年來，養老計畫面臨巨大的保值增值壓力。隨著全球多家央行先後實施名義負利率政策，個人帳戶的繳費積累若無良好的保值增值的途徑，大量資金將成為社會保險制度的負擔。在中

國大陸，審計署對全國社保基金的審計結果顯示，由於負利率的侵蝕，「躺」在帳戶中高達2.7萬億元的養老金僅2013年的損失就高達178億元（余豐慧，2014）。養老金涉及未來千千萬萬民眾的生活給付，若有差池，勢必引起民眾的恐慌與不滿，危及社會穩定，甚至擾亂社會正常秩序，導致社會危機的爆發。

首先，負利率影響財富再分配，會造成嚴重扭曲的摩擦效應，降低原本可以達到的經濟活力。負利率也可被稱為「老人稅」，最大的受害群體是老人。老人積累財富的過程已經完成，以後要依靠積蓄來度過晚年，但是儲蓄卻在負利率背景下持續縮水。他們幾乎不可能再次創業，也不能領到可以水漲船高的工資；他們大多數人生活在農村，只有微薄的退休金；城市裡的退休金雖然豐厚得多，但也永遠趕不上通脹的步伐。總之，老人的「現金流」很有限，存款是財富的主要形式（相對而言，未來的現金流是年輕人的主要財富形式），因此老人是負利率政策下受害者的重災區。

其次，許多現有退休人員和將來的退休人員還要依賴由機構管理的退休基金，而負利率政策會損害這類基金的回報潛力，許多大型養老金、保險公司等金融機構，也是國債等公共債券的重要持有者。普遍的低利率甚至負利率，使金融資產估值體系和定價基礎被破壞，固定收益投資無利可圖。而這些機構投資者為維持其持續不斷的開支，對其所持有債券資產的收益率都有一定要求。並且他們的投資期限一般較長，通常是傾向於持有到期，

而不是從債券的市場價值變動中獲利。在當前負利率政策的影響下，國債等公共債券的收益率明顯下降，嚴重打擊了養老金和保險公司這類長期資產管理機構的穩定性以及盈利能力，甚至可能會出現入不敷出的情況，導致這些機構逐漸失去將長期國債作為基本資產配置的能力。對於養老金、保險機構等長期投資者來講，隨著越來越多的安全資產落入負利率區間，其收入將持續下跌，實現長期負債與長期資產相匹配的大規模債券投資者將面臨嚴峻挑戰。

　　再次，負利率以其特有的方式懲罰淨儲蓄者（補貼負債者），然而政策本身並沒有區分誰是淨儲蓄者、誰是永續負債的管理者的能力。不幸的是，在社會經濟運行中，負利率政策很可能誤將養老金、企業年金和商業保險基金這類永續負債管理者視同淨儲蓄者，並同樣對其持續損害。假定國債收益率是輕微的-0.5％或者-1％，那就意味著一個國家為了維持其社會保障體系，政府、企業總體上需要為雇員所承擔的養老金負擔，最終會上升15％~30％（鐘偉、郝博韜，2016）。也就是說，國債端的負利率不僅會加大企業對雇員的養老負擔和難度，也會增加壽險、年金和社保系統等永續負債管理者進行基礎資產配置的困難，並迫使它們轉向較為激進的資產管理策略，例如增加房地產、大宗商品、公用事業、衍生品等資產配置。如果一個經濟體長期處於負利率的狀態，其養老體系很可能會面臨重大威脅，而在企業年金和商業壽險等其他支柱不斷被弱化的情況下，政府基

本養老將不得不扮演更重要的角色。就目前而言，負利率政策週期的長度依然不明確，如果長期執行負利率，很可能以這些養老金、保險公司等端點為引爆點，引發另一種金融危機。尤其在人口老齡化趨勢下，負利率政策是對社會保障基礎的進一步侵蝕，將加大政府財政負擔。

最後，負利率會損害退休人員的利益，因為他們通常持有風險較低的投資組合，其中固定收益證券所占比重較大。當利息收入降為零時，他們需要減少支出，以保護自己的積蓄，因此這類人口的不斷增長成為經濟的拖累。「受害者」是退休人員，他們在歐洲、日本和美國人口中所占比例很高，而且不斷增長。全球正以驚人的速度邁向老齡化，這對世界經濟來說可能是個壞消息。目前，全球很多經濟體都在遭受老齡化甚至高齡化的困擾，包括瑞士、瑞典、丹麥、歐元區、日本，甚至美國這些發達經濟體都是如此。據穆迪的報告，到2020年，13個國家將成為「超高齡」國，即20％以上的人口超過65歲。隨著老齡化問題的嚴重，「未富先老」將會是經濟社會發展階段不可避免的問題之一。作為社會保障制度的重要組成部分，養老金對於保障公民退休後的基本生活需要，做到「老有所養」，解除公民對養老送終的顧慮和擔心，對社會的和諧與穩定、減緩社會貧富差距加大的矛盾有重要意義。這表明負利率政策不但會加大企業為雇員提供養老金的負擔，而且會弱化社會化養老保障的支撐能力，使政府的基本養老壓力更大。更極端的情形是，負利率政策下，如

果一國央行向財政提供的債務透支，將不得不主要用於養老等福
利性領域，而無法用於生產性領域，即很可能是為未來的養老體
制買單。那麼印鈔能保障養老體系的可持續性嗎？陷入債務危機
的南歐國家的現狀，讓人有充分理由對此表示懷疑。

(二) 強化壟斷部門利益

　　負利率現象影響著社會財富在存款者、銀行、政府和企業
之間的分配格局，對中國獨特的金融和資本市場、房地產市場的
發展產生影響。這種分配格局的改變，從長遠看，不但會影響利
益的公平分配，而且會影響社會資源的有效配置。

　　在國有金融主導的中國，負利率的實施會使一部分社會閒
散資金脫離銀行系統，使民眾的財富縮水。根據國家統計局的資
料，2013—2014年，城鄉民眾人民幣儲蓄存款年底餘額增長率持
續下降，降幅約3％，雖然之後有所回升，但2017年儲蓄存款的
增長率又降至7.7％，2018年上升至11.23％。在資金需求難以壓
縮的情況下，銀行存款增速下降使銀行系統流動性降低，給銀行
的正常運營帶來潛在壓力。2007—2018年城鄉民眾人民幣儲蓄存
款年底餘額及其增長率見表9.3。

　　對於民眾來說，負利率被稱為「劫貧濟富」的幕後黑手，它
使存款者，尤其是個人儲蓄者利益受損，中低收入人群最終會
成為負利率困局中最主要的受害者。同時，負利率也是一種「老

表9.3　2007—2018年城鄉民眾人民幣儲蓄存款年底餘額及其增長率

時間	城鄉民眾人民幣儲蓄存款年底餘額（億元）	城鄉民眾人民幣儲蓄存款年底餘額增長率（％）
2006年	161587.30	14.56
2007年	172534.19	6.34
2008年	217885.35	20.81
2009年	260771.66	16.45
2010年	303302.49	14.02
2011年	343635.89	11.74
2012年	399551.00	13.99
2013年	447601.57	10.74
2014年	485261.30	7.76
2015年	546077.85	12.53
2016年	597751.05	9.46
2017年	643767.62	7.70
2018年	716038.15	11.23

資料來源：大陸國家統計局。

人稅」，最大的受害群體是老人。從經濟發展的角度，也會使財富不斷地從家庭部門轉移到產業部門，不利於擴大消費，對於實現經濟從投資驅動轉向消費驅動模式的轉變無所助益。正如經濟學家易憲容指出的那樣：「目前的負利率意味著社會財富大轉移，意味著通過政府管制把民眾的財富轉移到暴富的房地產商手中，轉移到效率低下的國有企業手中，轉移到地方政府手中。」

對於企業來說，在利率低至負的刺激下，投資會從生產部門轉移到金融部門，生產部門利潤下降，投機暴利遠遠超過投資回報，實業資本受到威脅。考慮到中國大陸的國情，國有大中型企業作為銀行的主要貸款客戶，成為最大受益者。但是，除了國有企業以及大中型企業之外，中小企業的融資環境反而因低利率政策而很可能惡化。之所以出現這種現象，是因為社會能夠提供給所有企業的資本是有限的，國有企業以及大中型企業因其固有的優勢更容易得到銀行貸款，加之負利率的刺激，貸款需求必然會擴大，而這將導致分給中小型企業的「蛋糕」減少。在市場機制的作用下，民間借貸成本反而提高，加劇中小企業融資難的問題。

對於政府來說，負利率使政府獲得較大利益，主要表現為政府債務融資成本的降低以及政府稅收的增加。在中國大陸，國債發行利率受中國人民銀行確定的存款利率的影響較大，較低的利率使政府的債務融資成本降低。如圖9.1所示，近年來，各級地方政府通過各種擔保形式向銀行融資，政府的債務水準

（億元）　　　圖9.1　2008—2018年其他存款性公司對政府債權

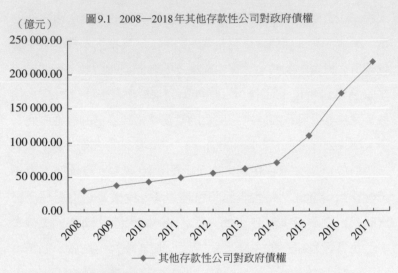

———◆——— 其他存款性公司對政府債權

資料來源：大陸國家統計局

（億元）　　　圖9.2 2006—2018年國家稅收收入增長情況

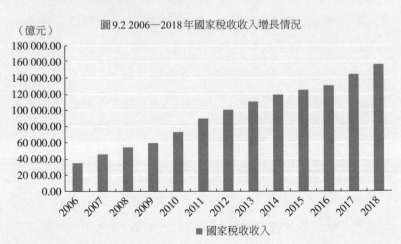

■ 國家稅收收入

資料來源：國家統計局
注：財政收入中不包括中國大陸外債務收入。

自2008年以來持續增長。從政府稅收方面來看，企業在較低利率的刺激下，使企業融資成本降低，也在某種程度上使企業業績提升和利潤增加，這必然帶來政府稅收收入的增長。如圖9.2所示，2006—2018年國家稅收收入一直持續增長。毫無疑問，政府增長的稅收收入裡包含存款負利率帶來的影響，但由此也會催生不切實際的建設政績工程，容易導致勞民傷財。在負利率效應的刺激下，可能會出現大量低效率的投資和盲目投資，由此也導致各種各樣的大項目、假專案、形象工程屢見不鮮。這會降低社會資源配置效率，增加宏觀調控成本。因此，負利率引起的收入分配格局的改變不利於經濟持續健康發展。

負利率擴大貧富差距

貧富差距是導致全球經濟乃至政治不穩定的重要原因。事實上，人們早就意識到控制收入差距的重要性。早在春秋時期，孔子就說過「不患寡而患不均」。也就是說，人們的效用不僅取決於自己的收入，也取決於周圍人的收入；過大的收入差距會使社會底層民眾產生一種「被剝削感」，降低社會整體福利，影響社會穩定。在實證上，國際貨幣基金組織2014年發佈的研究報告《再分配、不平等和增長》，通過考察不平等和再分配政策對五年內人均實際收入和長期增長的影響，發現收入不平等加劇會

阻礙經濟增長。

(一) 三大通道擴大差距

　　負利率主要通過儲蓄通道、資產通道和收入構成通道三個方面影響收入差距。第一，儲蓄通道。負利率主要影響民眾的儲蓄存款，進而使財富在不同收入水準的民眾之間轉移。目前幾家央行所謂的負利率，只是商業銀行在中央銀行存款的利率為負，如果商業銀行將這一成本轉嫁給存款者，將會導致民眾的銀行存款大幅縮水。而往往處於社會底層的低收入群體持有較多銀行存款，而高收入群體可以在金融市場上選擇各類金融工具保持其財富增值，由此擴大了收入分配的貧富差距。第二，資產通道。負利率主要通過通貨膨脹預期來影響資產價格，進而推動不同資產持有者之間的財富再分配。負利率帶來的通貨膨脹預期會推高資產價格上漲，然而富人金融資產占比往往較高，他們通過各種金融資產組合來抵制通貨膨脹對其財富的侵蝕；低收入群體難以通過風險資產配置，反而更傾向於持有財富容易縮水的現金，所以低收入群體和高收入群體之間的貧富差距擴大。第三，收入構成通道。利率政策主要通過調節資產價格來影響不同收入結構者之間的資產價值分配。

　　負利率作為寬鬆貨幣政策，其對經濟發展的刺激，會使資產價值逐漸膨脹，而擅長金融資本投資的往往是高收入群體，僅

靠勞動收入為生的普通階層以及依靠固定退休金生活的群體只會變得更窮，加大社會收入分配的不平等。

(二) 貧富懸殊不可持續

貧富差距擴大帶來的問題不利於經濟的可持續發展。根據凱恩斯的經濟理論，富人的邊際消費傾向總體上低於窮人，並且這一規律也已被國外學者的實證研究所證實。考慮到邊際消費傾向在高收入群體與低收入群體之間的差異，窮人的邊際消費傾向更大，因此增加窮人的收入更有利於刺激消費，更有利於經濟增長。而貧富差距擴大不利於經濟增長，並且這種差距具有自我實現效應，長期積累會使社會福利受到巨大損失。

第一，貧富差距的擴大導致很多國家面臨中等收入陷阱。2006年世界銀行的《東亞經濟發展報告》提出了「中等收入陷阱」的概念，指當一個國家的人均收入達到中等水準後，由於不能順利實現經濟發展方式的轉變，經濟增長動力不足，最終出現經濟停滯的一種狀態。陷入「中等收入陷阱」的國家表現之一就是收入差距過大，到一定程度之後，就會由於私人消費不足而導致嚴重的需求不足，經濟增長就會失去動力。這一點在拉美國家，如智利、巴西、阿根廷等尤為普遍。一旦陷入「中等收入陷阱」，政府的擴張性激勵就會造成財力和政策效率的同步下降，目前在新興經濟體中，階層利益分化，階層矛盾凸顯，也面臨著

陷入中等收入陷阱的可能性。

　　第二，貧富差距的擴大不利於經濟的穩定增長。美國金融危機凸顯的是金融大佬和普通民眾階層的矛盾。危機向世人顯示了「兩個美國」的現實：一個是富人的美國，另一個是窮人的美國。同時，財富的分化也是導致歐債危機的原因之一。歐元體制天生的弊端，決定了歐洲央行主導各國貨幣政策大權，歐元區各國失去了貨幣政策的獨立性。在經濟動盪時期，各國無法運用貨幣貶值等政策工具，因而只能通過舉債和擴大赤字這種財政手段來刺激經濟，實施其政府職能。但是遭受危機的國家，大多財政狀況欠佳，政府收支不平衡，其財政收入不足以維持歐盟區平均水準的福利，財政政策手段只會進一步加劇本國的經濟危機程度。在經濟增長停滯的情況下，不同國家的發展越發不同，日積月累，最後便會導致窮國與富國之間的人均收入拉大，進一步凸顯歐元區窮國與富國之間的矛盾。在國際金融力量博弈之下，一旦經濟狀況出現問題，巨大的財政赤字和較差的經濟狀況，往往會使整體實力偏弱的希臘等國成為國際金融力量的「狙擊」目標。

　　第三，貧富差距擴大不利於經濟的可持續發展。在美國，貧富分化導致其儲蓄率過低，由此造成投資不足和消費疲軟，影響經濟可持續發展。歐洲貧富分化導致窮國與富國之間差距拉大，有悖於「建立實行統一貨幣的經濟貨幣聯盟，促進成員國經濟和社會的均衡發展」的初衷。從中國大陸的情況看，財富差距擴大會抑制民眾消費，難以通過拉動內需促進經濟增長，不利於

經濟轉型升級、跨越中等收入陷阱、加快供給側改革。對於欠發達經濟體來講，因負利率而擴大的貧富差距對經濟的傷害則更為明顯。一方面，金融市場還不夠成熟，深度和廣度不夠，制度尚不健全。以股票市場為例，投資者保護制度不健全會提高交易成本，降低股票交易的流動性，惡化投資環境，這更加強化了銀行儲蓄存款不可替代的作用。另一方面，欠發達經濟體的社會保障制度仍然不健全，人們認為目前的養老體制不足以保障他們的退休生活，所以大部分人選擇儲蓄現有資金以獲得利息，提高退休

圖9.3　1979—2018年中國大陸總儲蓄率水準變化

── 中國大陸國民儲蓄率

資料來源：大陸國家統計局

期的消費。

　　就中國大陸來講，近年來中國大陸總儲蓄率水準整體上保持上升趨勢（如圖9.3所示），2012年國民總儲蓄率已超過50％，雖然之後有所下降，但2018年國民總儲蓄率依舊在45％以上。自2009年以來，中國大陸儲蓄率排名世界第一，人均儲蓄超過一萬元。這一方面有傳統儲蓄觀念的原因，另一方面也有生活保障不足的原因，大家只能自己儲備以備不時之需。在負利率環境下，高儲蓄率會使民眾財富大幅縮水，阻礙中國經濟的發展，擴大貧富差距。

（三）負利率時代更需重視公平

　　目前，國際上通行的對貧富差距的測量指標是基尼係數。全球主要地區成人人均財富「基尼係數」見圖9.4。聯合國有關組織認定基尼係數在0.2以下，表示民眾之間收入絕對平均，0.2~0.3表示相對平均；0.3~0.4表示比較合理。同時，國際上通常把0.4作為收入分配貧富差距的「警戒線」，認為基尼係數在0.4~0.6為「差距偏大」。根據瑞信發佈的《全球財富報告》，全歐成人人均財富的基尼係數一度超出0.9，可以看出全球的貧富差距問題已經較為嚴重。

　　對於中國而言，據統計，2018年中國的民眾基尼係數為0.468，已超過收入分配貧富差距的「警戒線」。雖然中國大陸日

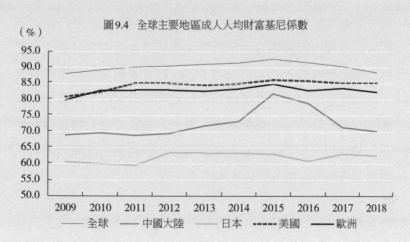

圖9.4　全球主要地區成人人均財富基尼係數

（%）

資料來源：Wind

益走上國富民強之路，但無論是機構、學者還是政府的各類統計分析均表明，百姓收入差距日漸擴大，這已成為當前社會各界廣泛關注的熱點、焦點問題，也是制約中國大陸經濟社會穩步健康發展的重大問題。收入差距擴大，不僅給世界經濟結構帶來嚴重缺陷，也對社會公平的理念形成嚴重衝擊，對全球經濟社會穩定構成重大威脅。

實施負利率政策造成的貧富差距擴大，政府方面應注意適度使用貨幣政策，同時配合各種財政政策來進行改善。只有同時兼顧效率與公平的社會，才可以保持經濟的可持續發展。因

此，在經濟發展的同時，政府要調整好效率與公平之間的關係，為經濟發展創造良好的環境，最大限度地確保社會成員起點公平、過程公平與結果公平。如提高社會保障支出占財政總支出的比重，發展社會保險和失業福利項目，以及提高就業援助上的政府開支，加強對低收入群體的教育投資和基本醫療衛生服務支出，完善社會福利體系等，以這些措施來降低低收入群體與高收入群體的收入差距。

PART 3

前景與選擇

負利率經濟體的未來

如果央行能夠獲得其他決策者的幫助，
尤其是財政政策決策者
在下一次衰退期間幫他們分擔一部分穩定經濟的責任，
那麼負利率完全可以是極為有益的。現在就排除負利率未免為時過早。
——伯南克（美國聯準會前主席）

　　從較長時期來看，負利率政策會給未來經濟發展留下很多隱患。在全球經濟增長緩慢的環境下，越來越多的國家被迫加入「負利率」。面對「負利率」時代，在負利率政策的短期有效性和長期潛在隱患中，各國應該如何選擇，需要進行認真思考和衡量。

「正增長」的三大挑戰

　　在經濟運行嚴重低迷、匯率波動過快的情況下，越來越多的國家被迫加入負利率體系，但人們長期以來對「正增長」的追求從來沒有停止。綜觀採取負利率政策的國家，可以看出這些國家的一些共同挑戰：第一，經濟面臨通縮，通貨膨脹率長期達不到預期；第二，實際利率水準很低，利率水準長期處於低水準；第三，經濟增速放緩，出現下滑趨勢；第四，貨幣面臨升值壓力。

(一) 經濟整體增速放緩

　　對負利率國家的經濟狀況進行分析可以發現，這些國家在採取負利率政策前，都有一些共同特徵。首先，這些國家基本都面臨通貨緊縮和經濟增速放緩的難題，表現為通貨膨脹率長期無

法達到預期目標，經濟增長也受金融危機的打擊而徘徊不前。
2009年瑞典實施負利率時，GDP負增長一度達到5％，通脹率低
至-1.2％。之後經濟開始上升，瑞典央行遂將存款利率恢復為零
來面對通脹繼續下滑。2015年2月，瑞典央行再次實施負利率以
保衛通脹目標；從2013年底開始，歐元區的通脹率就一直徘徊
在0.1％左右，GDP增長率也一直在0.2％~0.4％徘徊；在匈牙利
央行將其隔夜存款利率降為負值前，匈牙利已經長期保持了遠低
於3％目標的通貨膨脹水準，GDP增速從2015年下半年以來長期
在低位徘徊，到2016年2月更是突然降至-0.7％。

（二）利率持續低位運行

　　在實施負利率政策之前，負利率國家都長期維持在低利率
水準，或者經歷了利率長時間不斷下調的過程，一旦貨幣政策進
一步放鬆就容易邁入負利率區間。丹麥和瑞典的央行都曾兩次實
施負利率，瑞典央行在2010年退出負利率後一直將存款利率維
持在零點，丹麥央行在2014年結束第一次負利率實驗後也將存
單利率長期維持在0.05％的極低水準，這都為兩國央行第二次進
入負利率區間埋下了伏筆。匈牙利央行也是早在2012年8月就開
始了降息循環，當時3個月存款利率為7％，到2015年初時已降
至1.95％，到第三季度下調至1.35％後維持了7個月不變，直到
2016年3月大力度降息，3個月存款利率降至1.2％，隔夜存款利

率從0.1％降至-0.05％，隔夜放寬利率從2.1％降至1.45％。三大
基準利率全部創下歷史新低。

（三）貨幣升值壓力凸顯

　　貨幣面臨升值壓力也是各國採取負利率政策的重要動因之
一。各央行實施負利率前的經濟環境見表10.1。丹麥和瑞士央行
在實施負利率之前都面臨著對歐元升值的壓力。丹麥採取盯住歐
元的固定匯率機制，因此歐債危機以及隨之而來的歐洲央行降
息，都給丹麥克朗帶來了巨大的升值壓力。為了穩定本幣匯率，
丹麥將7天存單利率下調至-0.2％。瑞士央行在2014年底降息25
個基點的直接原因，也是俄羅斯的貨幣危機導致的瑞士法郎升值
壓力驟增。

邁出困境需內外施策

　　當前全球經濟陷入低迷的因素有很多。對於各經濟體來
說，首先要面對的是各種結構性問題，包括內需不振、創新缺
乏、老齡化等問題。同時，也面臨著國際環境日益複雜的不確定
性所帶來的風險。隨著政策邊際效用的遞減，短期內負利率政策
對於經濟的刺激作用會被逐漸削弱。相比於財政政策而言，貨幣

經濟體	丹麥	歐元區	瑞士	瑞典	日本	匈牙利
			表10.1　各央行實施負利率前的經濟環境			
實施時間	2012.6與 2014.9	2014.6	2014.12	2009.7 與 2015.12	2016.2	2016.3
實際通脹（％）	0.5	0~1	-0.3	-0.12	0.2	-0.20
實施手段	分級利率（存單票據）	隔夜存款利率	活期存款超額部分	回購利率與存款利率	分級利率（政策利率餘額）	隔夜存款利率
實際利率水（％）	0.05	0	0.25	0	0	0.1
實施目的	本幣貶值	刺激通脹本幣貶值	保持匯率穩定	緩解升值壓力	刺激經濟和通脹	通脹目標
經濟增長率（％）	-0.2~0.8	0.2~0.4	-0.4~0.7	-5	-0.3~0.2	-0.7

資料來源：Trading Economics

政策更多時候帶有一些「以鄰為壑」的意味，而非常規的貨幣政策更加劇了引起「貨幣戰爭」的可能性。那麼負利率國家在面臨內部根本性的結構問題、外部不確定性的衝擊時，採取負利率政策是否可以發揮其作用？解決長期性經濟困境，是否還應選擇負利率政策？如何以其他政策維護經濟平穩發展？

（一）解決內部結構性矛盾

（1）內需不振

　　內需不振是影響歐元區和日本經濟回暖的重要因素之一。在消費需求方面，私人消費一直以來是推動歐元區經濟復甦的主要因素。但近年來受到歐洲難民危機、恐怖襲擊等因素的影響，加上全球經濟增長前景普遍不明朗，歐元區消費需求不振。2019年9月歐元區消費者信心指數為-6.5（如圖10.1），整體來看，歐元區消費者信心是有所上升的，但是上升幅度微小，上升基礎也比較薄弱，私人消費水準的零售額銷售指數在2019年8月環比增長0.16％，零售銷售指數的增長在零值附近上下波動（見圖10.2）。

　　同樣，日本政府在刺激消費需求方面的表現也乏善可陳。日本大企業與工會以及政府對峙多年，社會總工資水準也沒有得到提升。收入無法提高，在經濟前景不明朗的情況下就會導致私人消費水準的下降。私人消費占日本GDP的六成左右，消費不

圖10.1　歐元區消費者信心指數

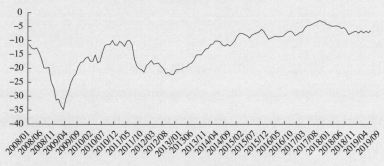

—— 歐元區：消費者信心指數

資料來源：Wind

圖10.2　歐元區環比零售銷售指數增長

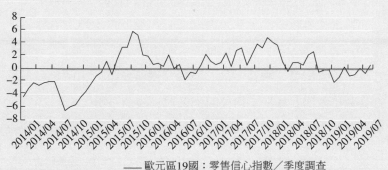

—— 歐元區19國：零售信心指數／季度調查

資料來源：Wind

振，就無法推動日本進入自律性復甦的軌道。

　　從投資需求方面可以看出，歐元區和日本投資者自金融危機後信心一直處於不穩定的狀態（如圖10.3、圖10.4）。2015年4月歐元區Sentix投資者信心指數（衡量經濟活動中投資者信心水準的指標）達到20.0，為金融危機爆發以來最高，但是一年半以後又回落至1.7，2017年又增長至歷史新高34.00，之後又開始急劇下滑。顯然投資者對於歐元區的投資信心一直處於劇烈波動之中，各種經濟政治因素都會影響投資者的預期。中美貿易摩擦、歐洲難民問題、英國脫歐問題以及各地地域衝突等問題越發激烈，全球不確定性的增加，預計會給歐元區投資者信心帶來更大的波動。2019年10月，歐元區Sentix投資者信心指數跌至-16.8，創6年來新低，主要在於市場擔憂英國脫歐前景。

　　日本的投資信心也呈現出同樣的規律。日本投資者信心指數2012年後基本保持在正值區間，但2016年上半年或受負利率等政策因素影響，投資者信心指數又跌至負值。2016年日本政府公共投資增長較快，但民間企業設備投資下降，之後2017年雖然有所上升，但在2018年開始快速下降，2019年投資者信心指數再一次跌入負值。

（2）技術與創新缺乏

　　20世紀七八十年代，日本經歷了經濟的高速發展時期。雖然當時日本的GNP已躍居發達國家的第二位，但是與老牌發達

圖10.3 歐元區 Sentix 投資者信心指數

資料來源：Sentix

圖10.4 日本 Sentix 投資者信心指數

資料來源：Wind

國家相比，在公共基礎設施和社會福利等方面，日本還有很大的發展空間，因此通過改善消費結構，提高消費層次，釋放了巨大的有效需求。1976年日本超大型積體電路研製成功，1980年日本產業用機器人占全球市場份額的70％，汽車產量居世界第一。技術的創新進步極大地刺激了日本民眾的潛在需求和有效需求，使經濟能夠良性循環增長。但是隨著日本各方面與發達國家差距的縮小，民眾消費趨於穩定，又缺乏科技創新的刺激，消費結構升級變得緩慢，潛在需求的下降使各種貨幣財政政策無能為力。可見，科技進步與創新的缺乏是經濟復甦緩慢的重要原因之一。

（3）嚴重老齡化

　　日本和歐洲是全球老齡化程度最嚴重的兩個地區，老齡化問題對人口結構、消費需求、風險偏好變化、養老金償付等都有深遠影響。2018年日本總務省發佈的國家情勢調查顯示，日本年齡超過65歲的人口占全國總人口的28.1％，連續六年居全球第一；另外，年齡不足15歲的人口總數僅占12.2％，為全球倒數第一。

　　人口因素對經濟結構的制約體現在供給和需求兩個方面。從供給方面來看，一方面，人口數量減少以及年齡結構的變化最先制約了勞動力供給。日本勞動力數量從1996年開始就進入了負增長，近年來勞動力減少的速度顯著加快，日本厚生勞動

表10.2　2011—2018年日本家庭年平均消費支出	
時間	消費支出（日元）
2011年	2966673
2012年	2971816
2013年	3018910
2014年	3017778
2015年	2965515
2016年	2909095
2017年	2921476
2018年	2956782

資料來源：日本總務局。

省預測，2030年將比2012年減少821萬就業人數，調查顯示，28％的企業認為勞動力不足嚴重限制了企業的經營和發展。另一方面，勞動年齡人口是社會主要物質財富的創造者，他們往往消費小於收入，可以創造社會淨儲蓄。而老齡人口的增加，意味著社會財富的淨消耗增加，福利支出擠壓了資本投資的空間。從需求方面看，首先，人口規模的縮減本身就意味著社會

消費需求的絕對減少；其次，日本人特別是「二戰」後一代的老
年人一貫有著「重儲蓄，輕消費」的觀念，老齡人口的增多無疑
會使個人消費需求進一步萎縮。日本家庭年平均消費支出在
2013年達到數年來最高，接下來的三年則逐年降低。截至2018
年，日本家庭年平均消費支出仍舊低於2011年的水準（見表
10.2）。

　　除了個人消費需求外，老齡化還會對投資需求產生影響。
拿住房投資來說，新開工住房投資是各國經濟增長的重要推動
力量，而隨著日本少子老齡化趨勢的演進，可預計日本住房需
求在未來一段時間內的上升空間有限，由此可以看出未來日本
投資需求將呈現平穩下降的大趨勢。

（4）政府債務困境

　　歐元區實施統一的貨幣政策和自主的財政政策，而其19個
國家的經濟發展狀況和利益訴求卻各不相同。若統一的貨幣政
策無法實現各個國家的政策目標，就難以促進經濟的平穩發
展，甚至可能造成國家間差距的進一步拉大。在失去貨幣政策
調控空間的時候，各國只能轉向財政政策。歐元區在2008年普
遍採取擴大支出的財政措施應對金融危機，以防止經濟進一步
下滑，這在當時起到了穩定經濟的作用，但是其後遺症就是顯
著增加的政府債務。過高的政府債務不斷累積，最終導致2009
年希臘主權債務危機的爆發。西班牙、葡萄牙、愛爾蘭等國也

相繼出現債務問題。2009年希臘政府債務占中國大陸生產總值的126.7％，並且其2006—2010年發行的國債中71％由海外機構持有。同期西班牙、葡萄牙、愛爾蘭政府債務占GDP的比重分別為52.7％、83.6％和61.8％。2010年歐盟批准7500億元的希臘救援計畫，但也給歐盟的未來發展留下了較大的遺患，嚴重影響了歐洲整體的經濟復甦進程。分散的財政體系與統一的貨幣體系之間的矛盾，是歐洲經濟發展緩慢、頻頻陷入危機的根本原因。這種結構性的政策困境，即使是負利率這種非常規的貨幣政策也無法解決。

日本的財政風險也一樣令其煩惱，老齡化帶來的更多社會保障支出，以及中央向地方的轉移支付，都加重了日本政府的財政負擔。2018年日本政府債務占中國大陸生產總值的238％，居全球最高且呈現繼續增長的趨勢（如圖10.5），日本每年用於償還國債的費用就已接近財政預算的1/41，加上轉移支付等支出，真正可支配的財政資金不到一半。相對於歐元區來說，日本擁有獨立自主的貨幣政策，以銀行為中心的金融體系在戰後日本經濟體制中占主導地位。但是在20世紀90年代，日本前後經歷了泡沫破裂以及亞洲金融危機的打擊，金融機構不良債權問題突出，整體陷入委靡。這且接導致貨幣政策傳導機制不暢、各種利率手段效果不佳、貨幣政策面臨失靈的窘境。同時，日本近20年來的政局一直不穩，先後更換了16任首相，政權的頻繁更迭，使經濟政策的實施缺乏連貫性，往往前一任的

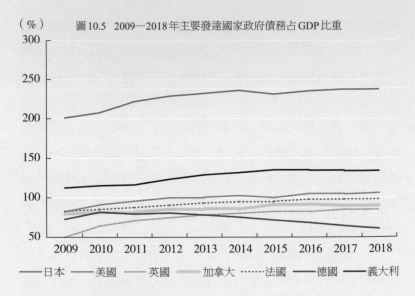

（%）　　　　圖10.5　2009—2018年主要發達國家政府債務占GDP比重

資料來源：Trading Economics

政策效果還未顯現，政權又面臨更替，政府無法針對本國經濟
形勢實施有效的中長期振興政策，對外部衝擊也難以做出妥善
應對。這種制度上的根源性問題才是制約日本經濟無法持續發
展的原因。

（二）應對外部不確定性衝擊

　　世界範圍內頻發的「黑天鵝事件」，以及反全球化、民粹勢力的抬頭，也從長期影響全球經濟的復甦。面對日益複雜的經濟環境，負利率政策的實施效果在短期內也許初顯成效，但從長期來看負利率政策的實施效果不僅會大打折扣，甚至可能與政策初衷背道而馳，把經濟體帶入更加複雜、更加難以解決的困境，對其長期的發展產生不良影響。

（1）「黑天鵝事件」與反全球化

　　2016年全球「黑天鵝事件」頻發，2018年中美貿易摩擦愈演愈烈，從英國脫歐公投到美國總統選舉，出人意料的政局變動層出不窮。但在這些看似巧合的突發事件背後，都可以看到民粹主義以及反全球化力量的推動。將英國投出歐盟和將川普送入白宮的選民本質上是同一批人，即隨著全球化而失去工作的美國工人階級，以及同樣被全球化巨輪碾壓的英國中部老工業基地的選民。這可以看成工人階級對抗精英階級一次出人意料的勝利。

　　美國未來一段時間內具有從全球化捍衛者向貿易保護主義轉變的趨勢。川普上臺後宣佈退出美國曾簽署的諸如北美自由貿易區一類的自由貿易協定，以便使製造業回流，川普先後以巨額稅收優惠和高額關稅威逼利誘美國空調設備製造公司開利公司和汽車製造商福特、通用等，將就業崗位從墨西哥移回美國；考慮

對美國海外進口商品徵收5％的一致性關稅，關稅措施如果真的落實，很可能引起美國交易夥伴國家的報復性措施，進而引發全球貿易戰。這些對於復甦基礎仍然脆弱的全球經濟來說不是什麼好消息。

　　同時，歐洲的形勢也不容樂觀。英國脫歐在短期內對英國本身經濟增長會有較大的負面影響。尤其是在2016年10月，英國首相特蕾莎‧梅宣佈將同時退出歐盟和歐盟市場特惠准入條款。這種「硬脫歐」的模式在短期內會給市場帶來更大的動盪，增加經濟成本，抑制投資與消費。雖然在2017年正式啟動了脫歐程式，但是在經歷了近三年的脫歐談判之後，2019年英國脫歐協議依舊沒有通過。2020年1月，英國國會投票通過脫歐協議。1月30日，歐盟正式批准了英國脫歐。這場拉鋸戰嚴重消耗了英國民眾的投資消費需求，同時其他歐盟成員國也受到了很大的影響。根據世界銀行的資料統計，2018年英國經濟增速較2017年將下降0.42個百分點，降至1.40％，英鎊的名義有效匯率從脫歐以來屢創1996年以來的新低。

　　從長期來看，英國脫歐對歐洲的影響可能更加長遠，不僅造成歐洲一體化的倒退，而且給當下分裂主義與民粹主義興起的歐洲產生了示範效應。法國國民陣線、德國選擇党、荷蘭自由黨、丹麥人民黨等多國脫歐黨派都對英國脫歐熱烈響應。這也使歐盟內部的不穩定性加劇，歐盟作為一個經濟體在全球的影響力將會下降，同時歐盟的自由貿易進程也會受到影響。

（2）政治不確定性增加

　　步入2020年後，全球政治方面都將面臨更大的不確定性，這些不確定因素的走向也將對未來全球經濟的發展造成重要影響。

　　從各中國大陸部政治形勢來看，英國脫歐以及川普當選後，民粹主義政黨在多國選舉中的表現不俗，這種趨勢以後將更加明顯。近年來歐洲的政治局面更加動盪，各種民粹主義不斷崛起，不斷衝擊著現在的歐洲一體化進程。英國脫歐之後，對其他國家也會產生極大的影響。德國的政治走向增加了更多的不確定性，義大利總理倫齊修憲公投失敗後請辭，民粹主義政黨「五星運動」興起。法國經濟社會矛盾日益凸顯，法國右派民粹主義政黨國民陣線也在崛起，國民陣線主席瑪麗娜‧勒龐推崇極端民族主義，通過反移民、反歐洲、反全球化的民粹主義口號，在總統選舉中一路高歌猛進。而法國的「黃背心」運動也愈演愈烈，國民對於法國政府的不滿情緒逐漸高漲，這給法國總理馬克龍的改革政策增加了很多阻力。

　　在英國完成脫歐之後，法國、德國、義大利等國家的極右政黨的支持率越來越高，這對於歐洲的一體化進程是很大的衝擊。歐洲的「碎片化」發展前景使歐洲經濟發展進一步緩慢，猶如雪上加霜。美國新政府的戰略選擇，也會給未來全球地緣政治帶來更大的變數。美國與俄羅斯關係的變化，會影響歐洲未來十年戰略的選擇。

　　從各國與中國大陸改革走向來看，在後金融危機時代，無論是發達國家還是發展中國家，都曾寄希望於通過改革解決中國大陸經濟社會矛盾，改革也往往伴隨著政治局勢的變化而變化。資本市場對改革的反應通常十分顯著而靈敏，如安倍經濟學的新舊三支箭的實施，給市場帶來了極大的動盪，尤其是其「第一支箭」的實施效果可謂立竿見影，日元迅速貶值，對需求也有明顯刺激，但其主導結構性改革的「第三支箭」效果卻還不顯著，需要進一步關注日本經濟的未來走向。印度作為新興國家的代表，近年來也實施了頻繁的改革措施，諸如莫迪的土地和勞工改革方案，以及2016年末備受爭議的廢除大額貨幣的行動。

　　2019年金融改革的失敗以及經濟增長的快速下滑等，也都給印度未來的經濟社會發展帶來了更多的挑戰。類似的還有法國的一攬子結構性改革和印尼、巴西的市場化改革等。這些中國大陸政治經濟的改革走向，也會對全球經濟產生難以預料的影響。

11

全球負利率時代的新考題

在目前的經濟增長環境下，（美國採取）負利率是不合適的。

——鮑威爾（美國聯準會主席）

質疑貨幣中性

　　傳統主流經濟學認為，中長期來講貨幣是中性的，不影響實體資源配置的效率。自然利率由基本面因素，比如人口、技術進步等決定，貨幣擴張帶來的唯一危害是通脹，只要通脹可以控制，央行引導利率下調以促進經濟增長就是合理的。根據貨幣中性理論，貨幣供給的增長將導致價格水準的同比例增長，對於實際產出水準不會產生影響。中立貨幣的概念，最早是由瑞典經濟學家維可塞爾提出的，保持貨幣中立性的條件是，必須使市場利率等於自然利率。但事實上，二者卻常常相背離。當它們不一致時，貨幣就將失去中立性，貨幣因素將通過生產和物價來引起經濟波動。因此，要使貨幣保持中立性，就必須使市場利率等於自然利率。這樣，貨幣對於相對價格體系和產量就不會產生實際影響。可見，一般物價水準穩定，經濟保持均衡是貨幣中立的重要標誌。金融體系或銀行體系的任務，就在於使貨幣供應量隨生產的擴大而增加，不斷地調整市場利率，使之接近並等於自然利率，從而保持貨幣中立性，維護物價穩定和經濟均衡。因此，維可塞爾中立貨幣概念的實質，是用調節市場利率的辦法來保證貨幣的中立性，阻隔貨幣對於經濟的重大影響，消除貨幣經濟與實物經濟的重大差別。從這個意義上講，貨幣政策只能影響名義經濟增長，而無法改變潛在經濟增長，貨幣政策不宜過度使用。而且，當前有關經濟體面臨的通貨緊縮威脅是長期的結構性問題，

而不是臨時的流動性問題。

　　一方面，負利率進一步引發對貨幣中性假設的反思。全球金融危機後，人們反思貨幣在中長期是不是中性的，貨幣和金融的波動實質性影響到實體資源配置，自然利率不僅受實體基本面驅動，還受貨幣金融市場影響。按此邏輯，利率對貨幣政策來講並非外生變數，可能存在央行引導市場利率下調，導致自然利率本身下降，由此甚至形成惡性循環，這表明貨幣政策可能缺少自我穩定的機制。低利率甚至負利率政策，可能對於因貨幣緊縮、資產負債衰退引起的通貨緊縮是有幫助的，但對於因為生產能力過剩、人口老齡化等結構性問題導致的通貨緊縮卻幫助較小。負利率政策——旨在鼓勵消費者花錢、鼓勵銀行向實體經濟發放更多貸款——已拯救了歐元區，使之沒有跌入災難性通縮，但仍沒有決定性證據能夠證明這一點。

　　另一方面，負利率無疑是不受歡迎的。負利率執行時間越長，帶來意外後果的風險也就越大（沃爾夫，2016）。普遍的負利率當然能起到上述效果，儘管也會產生其他副作用。但問題在於，存款準備金利率為負，並不必然降低民眾和企業所面對的利率。負利率政策的有效性主要依賴於三個機制：一是鼓勵銀行放貸和企業投資，二是刺激民眾消費，三是減輕負債者的償務負擔。目前幾家央行所謂的負利率只是商業銀行在中央銀行存款的利率為負，如果其不能傳導至民眾和企業，那麼上述三個機制就難以發揮作用。「如果負利率政策無法影響面向家庭和企業的貸

款利率，那麼它們在很大程度上就失去了存在的意義，」國際清算銀行經濟學家莫滕・本奇和艾泰克・瑪律霍佐夫說，「另外，如果負利率政策傳導至面向企業和家庭的貸款利率，那麼將對銀行的盈利能力產生連鎖效應。除非對存款也實行負利率，而這會對零售存款基礎的穩定性造成問題。」儘管中央銀行對商業銀行的準備金可以徵收負利率，但商業銀行能否對所有的儲戶徵收負利率，決定了負利率政策的實施效果。對於普通儲戶來講，現金的保存成本並不高，同時他們可能更加看重負利率帶來的損失，相對較少考慮自己管理現金的不便以及成本。因此，負利率難以傳導至家庭和企業。從這個角度而言，負利率空間就非常有限。另外，隨著互聯網資訊技術的不斷發展，各種節約成本的金融創新不斷推出，互聯網金融為我們帶來了更為廣闊的想像空間。在此背景下，負利率效果隨著時間的推移將出現遞減的趨勢，並且有可能導致金融市場的加速脫媒。

制約利率調控效率

　　負利率政策的確會使批發端資金成本降低，引導銀行間市場的利率落入負區間，並推動銀行存貸款利率的下調。但存款利率降低的效應並不均等，對於在歐元區需要寬鬆貨幣卻存在一定信用風險的南歐國家，存款利率仍然處於較高水準，比如義大利

存款利率約為1.37％，西班牙和法國約為0.35％~0.4％。零售存款利率存在一定剛性，儘管央行可以對商業銀行徵收負利率，但在現實中銀行出於自身經營的考慮，通常不會輕易對儲戶實施負利率，因為這可能會引發擠兌的風險，導致銀行破產。這使央行進一步維持甚至下調利率的空間被制約，整個金融系統的成本上升。

從實施負利率的歐洲幾個經濟體的實踐經驗來看，商業銀行的現金持有量並沒有明顯提高，這意味著其利率水準尚未達到下限。並且在實踐中，適用負利率政策的並非商業銀行在中央銀行的全部準備金。目前，在實施負利率政策的幾家央行，方式各有不同：一種是對商業銀行存放在中央銀行的過剩流動性徵收負利率；另一種是設定分級利，僅對存放在中央銀行的部分超額準備金徵收。分級利率的設定主要是為避免過度影響銀行的利潤率，保持操作的靈活性，降低政策實施成本。目前，歐洲央行和瑞典央行是對所有存放在中央銀行的超額準備金統一實行負利率。瑞士、丹麥和日本央行採取了分級利率的制度設計，即僅對銀行一部分超額流動性收取負利率。目前在分級利率下，日本僅有占其總量0.6％的準備金適用負利率政策，瑞士有約75％的存款業不適用負利率政策，在丹麥這一比例為20％。儘管歐元區尚未採取分級利率，但中央銀行對商業銀行發放貸款的利率仍大於零（再融資利率目前為0.05％），占金融機構央行存款約15％的法定準備金收益率仍然處於正區間。

潛存金融隱患

負利率在金融市場中可能引發較多的負面衝擊，導致隱患變成真實的金融風險。例如為弱化銀行仲介功能，降低國債市場流動性，使公債價格大幅波動，危及金融穩定。過度使用貨幣政策，忽略財政政策及結構改革的重要性，大國的貨幣政策透過資本移動會影響到其他國家，經濟規模較小的國家受到的衝擊與壓力更大。

首先，負利率政策在很大程度上壓縮了金融機構的生存空間，衝擊了金融機構存在的價值。且歐元區實施負利率以來，各大銀行盈利能力持續縮水。一方面，央行以0.4％的利率對近7000億歐元的準備金徵收的管理費接近30億歐元。另一方面，超低的利率環境也使信貸利差核心利潤來源不斷縮水。長此以往必將造成銀行利差的持續收縮。2019年上半年瑞銀集團營業收入與2018年同比下降8.13％，德銀債券交易和股票交易各下降29％，渣打銀行上半年收入同比上升2.2％，滙豐和巴克萊銀行下降1.13％和4.83％。銀行成本的提高和盈利能力的下降，迫使銀行尋找更多樣的增收途徑。但是由於「擠兌」風險的存在，銀行無法將負利率的成本轉嫁給儲戶，因此各銀行通過層出不窮的「息轉費」方式將負利率的成本向私人部門轉移，例如提高企業貸款門檻，提高貸款利率，上調轉帳費用等。另外，日益寬鬆的貨幣政策刺激越來越多的國家加入「放水競賽」之中，使未來匯

率的走向更加難以預測，銀行經營風險和管理難度也與日俱增。
而市場對金融機構前景的擔憂最直觀的表現就是銀行類股價的暴
跌：進入2019年，德意志銀行股價累計下跌5.72％，瑞銀集團股
票累計下跌10.74％。銀行收益的下降會促使銀行轉向更多風險
資產的配置，這會進一步加劇銀行系統的風險。

　　其次，負利率對養老金和儲蓄存在危害。歐洲和日本的人
口老齡化、少子化問題，意味著在今後一段時間內支付養老金的
保險機構將要給出比以往更多的金額。為了能夠履行償付義務，
保險機構必須賺取一定數額的最低名義回報。但是隨著利率跌破
零並長期保持在負區間，獲取正的最低名義回報或許會越來越艱
難。隨著退休基金面臨的現有資金與待支付資金兩者間的缺口越
來越大，有些雇主別無選擇，只能注入更多資金以維持養老金的
正常運轉，這是雇主公司資金充裕的樂觀情形。否則，養老金只
能轉向更多元化的投資，甚至會被一些回報較高的風險資產吸
引。養老金的收益變得越來越不確定，十年期國債的收益率也處
於負值，銀行帳戶極低的利率反而成了最具吸引力的投資——人
們將錢更多地轉向普通儲蓄，導致銀行在資產負債表的負債項目
上出現了更大的流動性。日本2016年1月實施負利率，2月存款
餘額反而增加了6％，到6月更是猛增至46.1％，歐元區也面臨
著同樣的問題（見圖11.1與圖11.2）。這是投資、消費向儲蓄的
回流，恰與央行的意願背道而馳。可以看出，負利率對於刺激消
費投資的目的來說影響有限，有時候可能反而會得不償失。

（%）　　　　　　　　圖11.1　歐元區個人儲蓄率

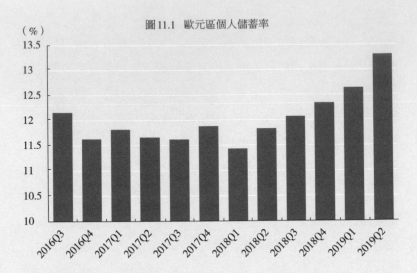

資料來源：Trading Economics

（%）　　　　　　　　圖11.2　日本個人儲蓄率

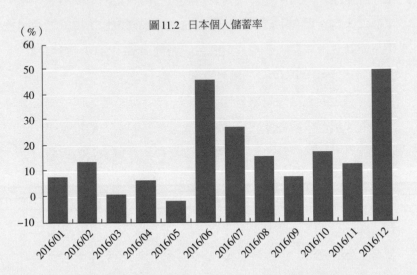

資料來源：Trading Economics

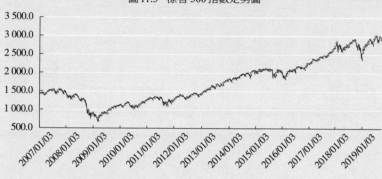

圖11.3 標普500指數走勢圖

資料來源：Wind

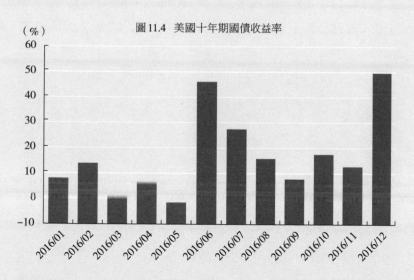

圖11.4 美國十年期國債收益率

資料來源：Wind

最後，負利率作為一種非常規的利率形式，扭曲了資金價格，不利於社會資源的有效配置，對經濟發展的負面影響是毋庸置疑的。負利率對金融市場的威脅首先是風險偏好的上升和市場上槓桿使用過度，國債收益率的顯著下滑讓投資者越來越傾向於高風險資產的逐利。這進一步推高了資產價格：瑞典的基金、房地產、藝術品等銷售額大增，丹麥OMX20股指和瑞典OMXSPI股指在負利率的影響下也出現了明顯的上漲。另外，負利率環境下投資者的回報壓力不斷增加，股市價值被扭曲，債券和股價的傳統走勢關係被打破。傳統上，股票與債券價格呈反方向發展，但是隨著投資者對收益的渴求，二者卻呈現同方向發展的趨勢。2019年7月標普500指數收盤連續上漲至31025.86點，創下歷史新高（如圖11.3），美國十年期國債在2017—2018年也呈現明顯上漲趨勢（如圖11.4）。這讓投資者意識到，在市場全面開啟低利率和大規模量化寬鬆購入債券的近十年來，市場已被扭曲。

弱化財政政策

金融危機之後，包括日本、美國和歐盟內越來越多的經濟體把貨幣政策作為應對經濟困境的重要手段。近年來全球已經出現了貨幣政策財政化、結構化趨勢，貨幣政策對財政政策、結構

性改革政策的替代明顯加強。

債券市場收益率下滑甚至為負的情形，帶來了擠出效應——商業銀行在債券市場上的地位被央行取代，那麼就會形成國債市場的新循環管道。就國債存量而言，包括銀行、保險等金融機構對國債持有意願開始下降；就國債增量而言，將主要由央行以低利率甚至是負利率的方式買走。最終的循環結果，將是由實施負利率的經濟體的央行印鈔，以零利率或者負利率向財政直接透支。長此以往，央行貨幣政策自主性大大削弱，財政不能向央行透支的原則將被動搖，貨幣政策越來越政治化，和財政政策的界限日益模糊。

貨幣政策的過度使用，既與其固有特點有關，也與複雜的國際經濟環境有關。財政政策的實施往往會受到政府債務水準及赤字率的「剛性」限制，在一些國家，財政政策已經沒有進一步實施的空間；而結構性政策效果的檢驗，往往需要較長一段時間，而且過程比較痛苦；比較而言，貨幣政策靈活性較強、政治阻力較小、見效較快，自然地成為各國應對危機首先考慮的政策工具。中央銀行具有創造貨幣和貨幣政策工具的便利，市場經濟越發達，貨幣政策的空間和迴旋餘地越大，平衡其資產負債表的手段和便利就越多。這也是危機後中央銀行政策工具創新增多的重要原因。同時，與其他公共政策相比，貨幣政策具有相對獨立性和自主性，無須經過嚴格的行政和法律程式，也沒有強制性約束，可以根據變化的情況進行預期管理和相機抉擇。儘管各經濟

體在危機爆發後迅速實施了很多及時且適當的政策措施，有效緩解了危機，但是在金融危機之後，一些國家卻出現了過度依賴貨幣政策的傾向。寬鬆的貨幣政策不斷推出——從降息、央行資產購買計畫到貨幣貶值、負利率政策等，而財政政策卻沒有跟上。

根據貨幣政策中性的經濟學理論，從中長期來看，一味寬鬆貨幣政策並不會帶來實際產出的增長。事實也說明，如果依賴印刷鈔票能夠解決問題，那麼辛巴威、委內瑞拉就應該發展得最好。即使是貨幣政策在短期內的使用，也有明確的條件，即宏觀經濟受到外部衝擊，存在大量失業或者產能閒置，生產潛能沒有得到充分發揮，導致實際經濟增長率低於潛在經濟增長。此時，通過擴張的貨幣政策確實能彌補產出缺口。作為2008年金融危機以來臨時流動性消失的臨時性補救舉措，寬鬆的貨幣政策功不可沒，在美國這個金融危機的發源地成效顯著，但是不應長期使用。

後危機時代，各經濟體在推出各種政策措施來提振經濟的同時，也應考慮到各自經濟體特有的經濟背景、人口結構和資產結構、經濟規模、金融成熟度、產業結構的差異等。首先，對於歐元區，其經濟乏力的重要原因在於，無力解決制約增長的兩大結構性難題——財政分立和統一貨幣的矛盾。其次，人口老齡化趨勢越來越嚴重。近年來，歐元區人口老齡化明顯加速，並且生育率持續偏低。老齡化問題會使全社會勞動要素的投入下降，從經濟增長的角度來講，會使增長源泉枯竭。

　　寬鬆貨幣政策對於帶動全球經濟走出金融危機起到了積極的作用，有力地避免了重蹈20世紀「大蕭條」的覆轍。但任何政策的實施都要考慮特定的經濟條件，不能盲目一味依賴貨幣政策。貨幣政策雖然能在一定程度上改善金融機構和非金融企業的資產負債表，改善債務—通縮惡性循環，但無法從根本上解決實體經濟中存在的創新活力缺乏、收入不平等、要素市場固化等結構性問題。目前，市場上並不缺乏流動性，問題在於如何讓流動性傳導至實體經濟、恢復市場信心，刺激社會總需求。

衝擊新興市場

　　負利率的實施通過國際金融市場帶來的外溢效應，還表現為影響新興經濟體的獨立性。隨著寬鬆貨幣政策的推出，尤其是在負利率的作用下，大量資本流向新興市場，對其政策獨立性帶來嚴重衝擊。大多數新興市場國家幾乎都採取接近於固定匯率制，在國際資本衝擊下，央行不得不干預外匯市場，結果使本國基礎貨幣增加，央行被迫採取沖銷式的干預措施。根據蒙代爾「三元悖論」，貨幣政策的獨立性、匯率的穩定性、資本的完全流動性不能同時實現，最多只能同時滿足兩個目標，而放棄另外一個目標。對於新興市場國家而言，維持匯率穩定和貨幣政策獨立性的唯一辦法就是，避免資本自由流動。然而，在經濟金融全

球化背景下，國際資本總是通過各種管道在新興市場國家流動，衝擊這些國家的資本市場，給其國際收支管理、資本管制帶來了巨大挑戰。

除此之外，較低利率的實施使本國貨幣貶值，給別國貨幣帶來的升值壓力，還會給新興市場國家帶來資產泡沫的問題。印度、巴西、中國這些具有強勁的經濟增長勢頭、利率水準較高的國家，越來越成為國際資本追逐的「避風港」。這種不利衝擊，將會推高其房地產和股票市場的泡沫，給新興市場國家資本市場的管理帶來極大挑戰。除股市、房市之外，近年來大宗商品市場的回暖也主要源於越來越多的經濟體實施的負利率。國際大宗商品市場的上漲通過生產者價格指數傳導至中國大陸民眾消費價格指數，帶動中國大陸物價上漲，週邊國家面臨輸入型通脹風險。貨幣的貶值使其購買力下降，還會使持有這些經濟體債券的國家外匯儲備大幅縮水。這些問題對新興市場國家下一步的發展都形成了新的難題。

負收益債券風行

2019年10月，IMF進一步下調了全球經濟增速至3.0％，在全球經濟低迷的環境下，越來越多的國家迫於經濟穩定的壓力開始採取寬鬆貨幣政策，被迫進入負利率時代。截至2019年10月

經濟體	2年	5年	10年
歐洲央行	-0.76	-0.72	-0.43
丹麥	-0.90	-0.84	-0.60
德國	-0.89	-0.88	-0.61
芬蘭	-0.84	-0.76	-0.33
法國	-0.81	-0.73	-0.31
比利時	-0.80	-0.63	-0.27
奧地利	-0.79	-0.69	-0.36
瑞典	-0.61	-0.63	-0.25
西班牙	-0.56	-0.30	0.21
義大利	-0.36	0.29	0.90
日本	-0.31	-0.35	-0.26
美國	1.53	1.43	1.57

表11.1　歐洲、日本、美國等的「負收益」國債

資料來源：彭博，大陸光大證券研究所，Wind，時間截至2019年9月15日。

底，全球收益率為負的主權債規模已超出20萬億美元，占全球市場30％以上的規模，較2016年負利率債務規模高出近一倍，創歷史新高。13個國家的債券收益為負利率，至少19個國家的2年期國債收益率都出現負值，13個國家的5年期國債收益率為負，包括瑞士、丹麥、日本和德國、法國等歐元區國家，而德國、瑞士、日本的10年期國債也出現了負利率（見表11.1）。2019年9月歐洲央行再次將存款利率從-0.4％下調至-0.5％，同時丹麥日蘭德銀行推出首例利率為-0.5％的抵押貸款。由此可以看到，負利率已經開始蔓延全球。

2016年6月，德國10年期國債收益率首次降至-0.001％，引發市場強烈震盪，10年期國債自20世紀60年代開始發行以來，成為德國最重要的財政收入來源，數十年來，它一直被視為歐元區長期資金市場回報率的指南。其回報率降為負數，反映出市場對未來經濟發展的悲觀預期，投資者考慮更多的不再是如何實現收益最大化，而是尋求損失最小化。雖然之後10年期國債利率有所回升，但是在2019年3月，德國10年期國債收益率再次跌入負利率範圍，並逐漸下跌，2019年8月德國10年期國債收益率一度跌至-0.63％。同期，德國發行了世界首個負利率30年期國債，反映出市場對於未來經濟增長及通脹預期都不太樂觀。

隨著德國10年期國債突破零的防線，瑞士30年期國債也在2016年7月11日跌至歷史最低點-0.142％，至此瑞士所有國債

收益率都跌至零下。至2019年8月，瑞士10年期國債收益率已跌至-0.98％。

而日本10年期債券早在2016年2月就跌入負值。如果德國、日本長期保持國債收益率為負值，甚至進一步降低利率，那麼美國國債進入負利率區間也不是不可能的事情。2010─2012年，美國的2年期國債收益率一度逼近零值，雖然之後美國的國債收益率有所上升，但是自2018年11月起，美國的2年、3年、5年、10年期國債收益率急劇下滑，2019年9月，美國5年期國債一度降至1.32％，同時現階段美國的經濟處於加速下修的階段，市場對於美國經濟增長的預期較為悲觀，因此未來美國國債收益率的走勢不容樂觀。

隨著匈牙利將隔夜存款利率降至-0.05％，負利率不再是發達國家的專屬，新興市場國家也開始進入負利率「俱樂部」。造成多國長期國債收益率競相下跌的原因有以下幾點。首先，2008年後全球超大規模的量化寬鬆，導致發達經濟體至今經濟增速不超過2％，通脹一直處於低位的尷尬局面。另外，債務問題日益膨脹，而隨後各國央行的負利率政策可以說是雪上加霜，使借貸成本屢創新低。其次，根據歐洲《巴塞爾協定Ⅲ》的規定，歐洲銀行必須持有一定比例的國債，因此無論收益率跌至多少，國債市場仍會有一定的買盤。最後，全球經濟放緩帶來的投資者預期持續衰退，使投資者避險情緒加重，在沒有其他更穩妥的投資管道時，美國、日本、德國等傳統大國的國債

仍是避險天堂，受到投資者的青睞。

　　由於貨幣政策具有滯後性，從決策、實施、傳導到產生效果是一個漫長的過程。負利率政策自實施以來時間還很短暫，全面評估其實際效果還需要很長時間。並且任何政策選擇都有利有弊，政策實施的效果會受到複雜的國際經濟環境的影響，同時也因各個經濟體不同的國情而異。為實現全面的經濟復甦，在各經濟體推出各種寬鬆貨幣政策的同時，也應考慮到相應配套的財政政策措施，綜合考慮宏觀經濟環境，逐步弱化利率管制，使利率在市場機制的作用下回到正常水準。

國際競爭以鄰為壑

　　負利率政策是一種以鄰為壑的政策。短期名義利率下降至負值，由於經濟運行中價格調整的過程長而緩慢，這意味著短期內，真實利率降低。在資本的逐利作用下，個人和企業會將資本投向能夠帶來更高收益的管道，從而降低對本國貨幣的需求，在浮動匯率機制下刺激本國貨幣貶值。本國貨幣貶值將會促進出口，帶動中國大陸總需求水準的提高，最終導致總產量的上升。然而本國貨幣的貶值，必然會給別國的貨幣帶來升值的壓力，惡化別國的進出口狀況以及國際貿易收支水準，將別國的總需求水準通過匯率管道轉嫁到本國，本質上並不能推動全球經濟復甦。

從已經實施負利率政策的發達經濟體來看，丹麥和瑞士央行的初衷正是穩定匯率。作為小的經濟體，其實施負利率主要是為穩定本幣幣值，減緩國際投機資本流入。不同程度地存在國際投機資本大規模流入的問題，貨幣面臨比較大的升值壓力，國際收支不平衡等，是這些實施負利率政策的小型經濟體的相似之處。2012年，歐元區在債務危機泥潭裡越陷越深，資本大量外流至丹麥等小型經濟體，丹麥克朗面臨對歐元的升值壓力。由於丹麥央行的首要任務是維持丹麥克朗與歐元的匯率穩定，2012年7月丹麥央行宣佈將金融機構在丹麥央行的定期存款利率下調至-0.2％。瑞士為了遏制海外熱錢湧入，在2014年12月也曾宣佈實施負利率。而其他三家中央銀行則主要是為了支援實現預期的通貨膨脹目標，刺激銀行積極放貸，擺脫通貨緊縮威脅。

但是，無論是以抑制本幣升值為目標的負利率政策，還是以支持中長期通貨膨脹為目標的負利率政策，都可能會進一步加劇競爭性貶值，都具有引導本幣匯率貶值的效果。這種將稀缺的需求從一個國家轉移到另一個國家的做法，都具有以鄰為壑的嫌疑。在刺激本幣貶值方面，表現最明顯的是歐元區，相比於實行負利率政策前，歐元兌美元實際匯率下跌8.2％，名義匯率貶值18％。在2016年2月G20（二十集團）的上海會議上，英國央行行長明確表達了負利率以壓低匯率作為目標，是一場「零和遊戲」的擔憂。而且，在現階段世界經濟復甦乏力的情況下，本幣對外貶值對於出口的積極作用有限，反而加強了貿易保護主義傾

向。戰後建立的國際貨幣基金組織、世界貿易組織等多邊匯兌和貿易協調機制，正是基於解決「二戰」之前的競爭性貶值和普遍的貿易保護主義等問題的建設性作為。

從「窮途末路」到「另闢蹊徑」

對研究者來說，簡單評價負利率政策「好」或「壞」還為時過早，亦不應成為討論之終極目的。重要的是推敲負利率政策及實施細節，分析其邏輯，觀察其影響，以對後續經濟形勢做出客觀判斷。

在低增長和低通脹的新時代背景下，科技進步、人口老化、資金流動、收入差距等因素深刻地影響著全球一般性商品與服務的供給與需求，當過往這些能夠促進物價穩定的深層次因素發生變化時，便會影響央行政策的制定與實現。選擇負利率以實現經濟增長和物價穩定，既是貨幣政策的全新實驗，也是全球經濟深層次變革的必然結果。

理性展望，企業和民眾部門在負利率形勢下如何應對？企業因為對未來增長的預期不樂觀，將進一步收縮其債務規模，降低負債率；資本的邊際產出率不斷下降，實業投資的信心有很大問題。民眾和消費者將同樣因負利率趨於保守，儲蓄不划算但過度消費可能破產——負利率有可能提振住房和長期耐用消費品等

需求，但對彈性較大的消費行為則會趨於收斂。在全球總需求不足和低通脹預期之下，消費和投資本身在負利率因素調節中難稱樂觀。機構投資者的資產配置在負利率時代可能出現以下趨勢。一是資產泡沫現象整體可能更為嚴重。負利率伴隨的流動性氾濫，將在世界範圍內進一步抬升資產價格，美國和歐元區資產可能因此得到進一步追捧。二是優質資產進一步被搶購，所謂「越白越貴」的趨勢可能得到強化。三是另類投資可能顯著分化，優質不動產、貴金屬等避險資產有機會穩定甚至增長，但風險投資和私募股權投資可能整體性進入休眠期。

　　負利率對下一階段的貨幣形態發展帶來新的不確定性，但它也許會為「另闢蹊徑」提供某些啟發。隨著資訊技術和互聯網的發展，貨幣及其價值傳遞方式出現了根本性的轉變，以信用卡、網銀和移動支付為代表的電子錢，以及數位貨幣、區塊鏈和加密資產等都在快速發展。特別是以臉書籌備計畫推出 Libra 為代表，其目標是發展成一種「不企求對美元匯率穩定而追求實際購買力穩定」的加密數位貨幣，這使未來數位貨幣的重要性、演化形態和利率價格等引起全球關注。相信人類借助理性思考和良好協作，在科學技術高度發展的時代，最終有可能讓負利率從「窮途末路」走向「另闢蹊徑」。

後記
銷金時代與貨幣狂潮

%

　　負利率對社會和大眾將產生顯著影響，其力度不可估量——如同從「掘金」時代邁到「銷金」時代，應對如此巨變，我們更需要冷靜地深思。

　　黃金因其稀少昂貴和穩定可塑之特性，在數千年的歷史上，為人類的經濟行為充當著等價物的角色。「美人首飾侯王印，盡是沙中浪底來」（劉禹錫），人們一直習慣和沉迷於「掘金時代」。例如在中國大陸，黃金開採和使用的歷史超過四千年，考古工作者發掘出的各種金器，如北京平谷出土的商代金臂釧、四川廣漢出土的周代金手杖、湖南長沙出土的漢代金縷玉衣等，件件文物展示了中華民族採金歷史的悠久、制金工藝的高超，以及對黃金製品的價值崇拜。

　　在東西方經濟史上，人們不約而同地將黃金當作財富的象徵，廣泛發揮了其儲備、投資、交易媒介等金融功能。這一現象在馬克思的《資本論》裡表述得十分清晰和精闢：「貨幣天然不是金銀，金銀天然就是貨幣。」直

至一百年前，「金本位」仍然是世界主要國家的貨幣制度基礎。即使布列敦森林體系建立及崩潰以來，貨幣信用由國家主導，黃金仍然是公認的特殊有價商品。人們因其良好的物理屬性、穩定的化學性質，充分發揮了它自由鑄造、自由兌換和輸入輸出等特性，無論採用何種工藝對黃金進行加工——「銷鍍纖披、泥嵌裹縷」——大眾通常的共識都是，黃金持久保值且穩定可信。

今天的負利率讓人們必須面對新的現實：即使是黃金也在自我銷蝕、自覺減值、自動縮水——因為利率是負的，存款越豐所獲越細、借債越多應償越少——這與傳統認知完全相悖。除了微觀消費和投資的迷茫，在宏觀經濟政策和金融市場上，負利率也將帶來更多的未知後果——人們在不知不覺中走進「銷金時代」，負利率在當下大規模出現，對傳統經濟學和金融理論形成了巨大的挑戰。

「折戟沉沙鐵未銷，自將磨洗認前朝」（杜牧）。在高負債和低通脹的大背景下，經濟發展的邏輯不再一脈相承：科技進步、人口老化、資訊流動、收入差距等深刻影響著全球商品與服務的需求與供給。當這些因素發生變化時，政府經濟政策將最終選擇負利率——持有資產

還是持有負債？增長還是收斂？這些負利率形成的悖論，既是各國貨幣調控政策的全新實驗，也是全球經濟深層次變革的複雜結果，更讓全人類在經濟價值創造中走向未知迷途。

隨著資訊技術和互聯網的發展，貨幣及其價值傳遞方式以「狂潮」形式出現，負利率對儲蓄、債券、外匯、投資、民眾消費以及未來貨幣形態的演化等，都帶來了不同程度的衝擊。面向將來，數位化在相當大的程度上加速了全球資金流動，負利率是否會影響數位貨幣、信用計算和交易體系，更值得深入探索。

負利率問題已在2014年及2019年兩次掀起全球波瀾，步入2020年，在全球新冠疫情和孤立主義挑戰下，以美國聯準會兩次降息至零利率為標誌，負利率的「銷金時代」全面降臨。中國當下正處於經濟結構調整、深化改革和社會轉型的關鍵時期，需要調整結構大力發展新實體經濟，盡力避免在危機前貨幣政策就觸及零利率下限，因此更應對負利率問題進行研判和考量。

本人對負利率問題長期關注和研究，但管中窺豹，如有不足和謬誤之處，懇請讀者批評指正。

感謝華軟資本的合夥人和同事，特別是集團負責市

場和研究的多位同事的幫助。

感謝華夏新供給經濟學研究院的各位領導和專家，本書得到眾多同仁指導，深表謝意。

感謝本書原簡體版出版者中信出版集團的喬衛兵總編等人。感謝朋友。感謝家人。

參考文獻

1. 伍聰. 負利率效應下的中國經濟〔M〕(專著). 北京：中國人民大學出版社，2015.

2. Arteta C., Kose M. A., Stocker M., et al. Negative Interest Rate Policies: Sources and Implications〔J〕(期刊文). Social Science Research Network，2016.

3. 吳秀波. 海外負利率政策實施的效果及借鑒〔J〕. 價格理論與實踐，2016（03）：19-25.

4. 劉義聖，趙東喜. 利率走廊理論述評〔J〕. 經濟學動態，2012（07）：124-131.

5. 王宇哲. 負利率時代：政策創新與宏觀風險〔J〕. 國際經濟評論，2016（4）：115-127.

6. Law J. E., Monetary theory and policy: Second edition〔J〕. Computers & Mathematics with Applications，2004，47（4）：1145-1146.

7. Walsh，Carl E., Monetary Theory and Policy〔M〕. The MIT Press，1998.

8. Samuelson P. A., An Exact Consumption-Loan Model of Interest with or without the Social Contrivance of Money〔J〕. Journal of

Political Economy，1958，66（6）：467-482.

9. Wallace N. A Modigliani- iller Theorem for Open-Market Operation〔s J〕.American Economic Review，1981，71（3）：267-274.

10. Sidrauski M.，Rational Choice and Patterns of Growth in a Monetary Economy〔J〕. American Economic Review,1969，57（2）：534-544.

11. Jorgenson D., Rational Choice and Patterns of Growth in a Monetary Economy：Discussion〔J〕. American Economic Review，1967，57（2）：534-544.

12. Clower R W. A Reconsideration of the Micro-oundations of Monetary Theory〔J〕. Western Economic Journal，1967 6（1）：1-9.

13. Shiller R. J.，Huston Mcculloch J., Handbook of Monetary Economicst〔M〕. Elsevier，1990.

.14. 張雪瑩 . 存款準備金率調節對市場利率的影響效應研究〔J〕. 數量經濟技術經濟研究，2012（12）：136-146.

15. 馬駿，施康，王紅林 . 利率傳導機制的動態研究〔J〕.金融研究，2016（01）：35-53.

16. 朱世武，陳健恒 . 利率期限結構理論實證檢驗與期限風險溢價研究〔J〕. 金融研究，2004（5）：78-88.

17. 楊寶臣，蘇雲鵬 . SHIBOR 市場利率期限結構實證研究〔J〕.

電子科技大學學報（社科版），2010，12（5）：39-45.

18. 薩伊 . 政治經濟學概論：財富的生產、分配和消費〔M〕.北京：商務印書館，2009.

19. 凱恩斯 . 就業利息和貨幣通論〔M〕. 北京：商務印書館，1983.

20. 維克塞爾 . 利息與價格〔M〕.北京：商務印書館，1982.

21. 維克塞爾 . 國民經濟學講義〔M〕.上海：上海譯文出版，1983.

22. Woodford M., Optimal Monetary Policy Inertia〔J〕. The Manchester School，1999，67（s1）：1-35.

23. Bech M L ,Malkhozov A. How Have Central Banks Implemented Negative Policy Rates?〔J〕. BIS Quarterly Review，2016（3）.

24. Clarida R H. Japan，China，and the U.S. Current Account Deficit〔J〕.Cato Journal，2005，25.

25. 凱恩斯 . 就業、利息和貨幣通論〔M〕.北京：商務印書館，1983.

26. 郭紅玉 . 儲蓄過剩時代的宏觀政策選擇〔J〕.廣東金融學院學報，2005，20（6）：35-39.

27. 王佳佳 .「負利率」條件下中國大陸貨幣政策的選擇〔J〕.經濟縱橫，2010（10）：81-84.

28. 婁鵬飛 . 國外央行實施名義負利率政策的原因與利弊分析〔J〕.金融發展研究2016（7）：45-51.

29. Cecchetti，Stephen G. The Case of the Negative Nominal Interest Rates：New Estimates of the Term Structure of Interest Rates during the Great Depression〔J〕. Journal of Political Economy，1988，96（6）：1111-1141.

30. Redding L S. Negative Nominal Interest Rates and the Liquidity Premium〔J〕. Economics Letters，1999，62（2）：213-216.

31. 伍聰 . 負利率與中國經濟增長的關係研究〔J〕. 福建論壇，2013（1）：43-50.

32. 杜相乾 . 中國低利率政策研究〔D〕（學術論文）. 中共中央黨校，2012.

33. 王宏偉 . 利率干預股市：理論與實踐的背離〔J〕. 貴州財經大學學報，2011，29（5）：36.

34. 陳志強 . 負利率對房地產市場的擴張效應研究〔D〕. 湖南大學，2008.

35. 王家庭，張換兆 . 利率變動對中國房地產市場影響的實證分析〔J〕. 中央財經大學學報，2006（01）：56-61.

36. 徐建國 . 低利率推高房價：來自中國、美國和日本的證據〔J〕. 上海金融，2011（12）：7-15.

37. 鐘偉，張明，伍戈 . 負利率時代：是人為開啟還是曇花一現〔J〕. 中國外匯 2016（13）：19-21.

38. 劉琳 . 利率對資產價格的影響〔J〕. 中國投資，2011（03）：105-106.

39. 杜恩源．中國通貨膨脹與資產價格之間的關係及政策啟示〔D〕．吉林大學，2014.

40. 馬駿，王紅林．政策利率傳導機制的理論模型〔J〕．金融研究，2014（12）：1-22.

41. 管濤．負利率能夠治通縮嗎？〔J〕．金融論壇，2016（8）：7-10.

42. Borio C，Zhu H. Capital Regulation，Risk-taking and Monetary Policy: A Missing Link in the Transmission Mechanism?〔J〕. BIS Working Papers，2008，8（4）：236-251.

43. Borio C，Disyatat P. Unconventional Monetary Policies：An Appraisal〔J〕. The Manchester School，2010，78（Supplement s1）：53-89.

44. 魏鵬．在泥沼中掙扎的歐洲銀行業——歐洲四行2015年經營業績分析〔J〕．銀行家，2016（5）：94-97.

45. 默里·羅斯巴德．美國大蕭條〔M〕.上海：上海人民出版社，2009.

46. Gianni D N，Giovanni D， Laeven L A，et al. Monetary Policy and Bank Risk Taking〔J〕. Social Science Research Network，2010.

47. 薛宏立．金融市場動態開放中的利率-匯率聯動：以中國為例的研究〔M〕.北京：中共中央黨校出版社，2006：24-26.

48. 陳漓高，齊俊妍．資訊技術的外溢與第五輪經濟長波的發展趨勢〔J〕.世界經濟研究，2007（7）：26-33.

49. 孫寅浩，黃文凡 . 主要發達國家貨幣政策分化背景下的全球短期資本流動——美國聯準會、歐央行、日本央行貨幣政策溢出效應的實證研究〔J〕. 投資研究，2016（02）：120-130.

50. Eggertsson G B， Mehrotra N R，Summers L H. Secular Stagnation in the Open Economy〔J〕. American Economic Review，2016，106.

51. Eggertsson G B，Mehrotra N R，Singh S R，et al. A Contagious Malady? Open Economy Dimensions of Secular Stagnation〔C〕.Palgrave Macmillan UK，2016：581-634.

52. 熊鵬，陳輝 . 開放經濟下利率對匯率的影響：一個新的理論框架〔J〕. 財經理論與實踐，2005（3）：24-28.

53. 張合金，楊充，範旭東 . 中國大陸存款負利率的經濟影響及對策研究〔J〕. 河北經貿大學學報，2005（4）：41-45.

54. 張慧蓮 . 負利率能否幫助全球經濟走出困境？〔J〕. 金融與經濟，2016（4）：35-39.

55. 劉明彥 . 負利率貨幣政策能否拯救歐洲經濟？〔J〕. 銀行家，2014（7）：72-73.

56. 吳曉靈 . 負利率有較大副作用〔J〕. 金融客，2016（7）：12-13.

57. 羊振雪 . 負利率對中國大陸社會貧富差距的擴大作用〔J〕. 甘肅科技，2012，28（9）：9-18.

58. 王蘋 . 負利率容易助推房市或股市泡沫〔J〕. 上海證券報，

負利率世界（二版）
高債務與低增長年代的國家決策難題

© 王廣宇 2020

本書中文繁體版由王廣宇通過中信出版集團股份有限公司授權
大雁文化事業股份有限公司大寫出版在香港澳門台灣地區獨家出版發行。
ALL RIGHTS RESERVED

書系｜使用的書Catch on!　書號｜HC0098R
著　　者　王廣宇
行銷企畫　廖倚萱
業務發行　王綬晨、邱紹溢、劉文雅
總 編 輯　鄭俊平
發 行 人　蘇拾平

出　　版　大寫出版
發　　行　大雁出版基地
　　　　　www.andbooks.com.tw
　　　　　地址：新北市新店區北新路三段207-3號5樓
　　　　　電話：(02)8913-1005　傳真：(02)8913-1056
　　　　　劃撥帳號：19983379　戶名：大雁文化事業股份有限公司

二版一刷　2024年4月
定　　價　500元

國家圖書館出版品預行編目 (CIP) 資料

負利率世界：高債務與低增長年代的國家決策難題／王廣宇著
二版／新北市：大寫出版：大雁文化發行，2024.04
面；14.8*20.9 公分（知道的書 Catch on!：HC0098R）
ISBN 978-626-7293-49-2（平裝）

1.CST: 貨幣政策　2.CST: 國際金融

561.18　　　　　　　　　　　　　　　113001619